Hanns-Josef Ortheil

LESEHUNGER

Hanns-Josef Ortheil

LESEHUNGER

Ein Bücher-Menu in 12 Gängen

Sammlung Luchterhand

Ästhetik des Schreibens, Band 3,
hrsg. von Hanns-Josef Ortheil

Verlagsgruppe Random House FSC-DEU-0100
Das für dieses Buch verwendete
FSC®-zertifizierte Papier *Munken Print*
liefert Arctic Paper Munkedals AB, Schweden.

2. Auflage
Originalausgabe
© 2009 Luchterhand Literaturverlag GmbH, München
in der Verlagsgruppe Random House GmbH
Satz: Greiner & Reichel, Köln
Druck und Einband: CPI – Clausen & Bosse, Leck
Printed in Germany
ISBN 978-3-630-62153-1

www.luchterhand-literaturverlag.de

DER ERSTE TAG

Wieder ein Glück ist erlebt ...
(*Stutgard,* von Friedrich Hölderlin)

Das Tagebuch der Lektüren

Stuttgart. Ein großes, hoch gelegenes Gartengelände mit Blick auf die Stadt, frühmorgens, ein sonniger Tag. Zwei bequeme Stühle und ein kleiner, kreisrunder Tisch auf einer Terrasse, Kaffee, Tafelwasser, Bücher, Papier, einige Stifte: Der Versuch eines entspannten Beginns.

Die Besucherin: Was für ein schönes Gelände! Seit wann leben Sie hier?

Ortheil: Seit siebenundzwanzig Jahren, ja, vor genau siebenundzwanzig Jahren habe ich dieses Gelände während eines Spaziergangs entdeckt. Damals war ich gerade zusammen mit meiner Frau nach Stuttgart gezogen, sie übernahm hier eine Stelle in einem Verlag. Ich kannte Stuttgart zu dieser Zeit noch kaum, deshalb war ich damals ununterbrochen zu Fuß unterwegs, um die Stadt und ihre Umgebung genauer kennenzulernen.

Und dann kam ich irgendwann während eines Spaziergangs an diesem Gelände vorbei und schaute herunter auf die Dächer der Stadt, es war ein Moment, den ich nie vergessen werde, ein Moment, wie es ihn sonst nur gibt, wenn man sich plötzlich, auf den ersten Blick, in jemanden verliebt. Ich stand still und starrte ins Tal. Ohne es zu ahnen, war ich auf ein Urbild meiner Vorstellungen von Landschaft gestoßen, auf älteste Zeichen, ältestes Bildinventar.

Was meinen Sie mit »Urbild«, meinen Sie, dass Sie dieses Bild bereits kannten, dass es Ihnen vertraut war?

Ja, es war etwas sehr Vertrautes in diesem Bild, und dieses Vertraute hatte mit meiner Kindheit zu tun. Die Räume, in denen wir als Kinder aufwachsen, prägen unsere Wahrnehmung ja besonders stark, die Innenräume der Wohnungen und Behausungen sowieso, aber natürlich auch die Außenräume, die Räume also, in denen wir als Kinder immer wieder gespielt und uns aufgehalten haben. Man sollte Biographien einmal von solchen Raumerfahrungen her entwerfen und Menschen präzise daraufhin befragen, wie ihre Kindheitsräume aussahen, das würde unsere beinahe ausschließliche Fixierung auf Zeit-Erfahrungen erschüttern. In den Kindheitsräumen haben wir oft viele Jahre verbracht, Tag für Tag, wir waren an ihre Atmosphären und Strukturen ebenso stark gebunden wie an bestimmte Menschen, mit denen zusammen wir groß wurden, das sollte uns doch zu denken geben.

In meinem Fall war einer dieser prägenden Kindheitsräume ein großes, ebenfalls auf einer Anhöhe gelegenes Waldgrundstück im Westerwald, auf dessen Erhebung sich meine Eltern in den fünfziger Jahren ein kleines Haus gebaut hatten. In diesem Haus und in seiner unmittelbaren Umgebung habe ich viel Zeit meiner Kindheit verbracht, zum einen bin ich in der Großstadt aufgewachsen, zum anderen aber auf dem Land, auf diesem Westerwald-Grundstück mit dem Blick in die Weite der Landschaft.

Dieses Westerwald-Grundstück war ein Hanggrundstück, wie dieses hier in Stuttgart?

Ja, sonderbar, nicht wahr? Das Westerwald-Grundstück war und ist ein Hanggrundstück mit vielen kleinen Plateaus und

Aussichtsterrassen, von denen aus man einen immer neuen, anderen Blick auf die Landschaft hat. Die Plateaus und Terrassen waren eigens für solche Ausblicke angelegt worden, auf einigen standen kleinere Behausungen wie etwa ein Pavillon oder eine Blockhütte. Das führte dazu, dass wir uns nicht nur im Haus aufhielten, sondern zu den verschiedensten Gelegenheiten auch außerhalb, entweder im Freien oder in diesen Mini-Behausungen, die übrigens besonders auf ein Kind eine enorme Anziehungskraft ausübten.

Die Mini-Behausungen erlaubten eine kurzfristige Entfernung von den Eltern, es waren Räume, die das Kind für sich allein hatte, die es also selbst einrichten und oft allein benutzen durfte. Diese besonders intimen Räume, in denen ich nicht gestört wurde und in denen ich in Ruhe gelassen wurde, waren zunächst Räume zum Spielen und wurden mit der Zeit dann zu Lese- und fast gleichzeitig auch zu Schreibräumen.

Mini-Behausungen nennen Sie diese Räume, das heißt also, es waren sehr kleine, aber doch separate, geschlossene Räume?

Ja, es waren sehr kleine, meist geschlossene Räume, die es zum Teil heute noch gibt und deren frühere Einrichtung ich noch genau in Erinnerung habe. Aus dieser Zeit habe ich eine besondere Anhänglichkeit an kleine Räume behalten, ich fühle mich in solchen Räumen oft wohler als in weitläufigen Wohnräumen, wie sie in der Zeit der Bungalow-Bauten überall entstanden. Da wurden dann ja plötzlich große Zimmer mit kühlen Inneneinrichtungen modern, und es gab riesige Glasfenster, hier und da ein Möbel und dazwischen weite Wege von einem Gegenstand zum andern.

In den kleinen Räumen aber konnte man das, was ich die »Lesekapsel« nennen möchte, viel besser erfinden. Die »Lesekapsel« – das ist der eigentliche Leseraum, in den sich der Lesende zurückzieht: Der Körper nimmt eine Lesehaltung oder eine Lesestellung ein, das Buch wird mit der Hand gehalten oder auf eine Unterlage gelegt, und dann gehört meist noch ein bestimmtes Möbel dazu, das den Rückzug unterstreicht und ihm eine gewisse Bequemlichkeit verleiht. Vor Jahren habe ich in einer Ausstellung über *Die Kunst des Lesens* viele Abbildungen solcher Lesemöbel gesehen. Die mittelalterlichen zeigen zum Beispiel immer wieder den heiligen Hieronymus im Gehäus, wie er sich in irgendeinen Winkel eines kleinen Raums auf einen einfachen Sitz zurückgezogen hat. Das Buch, das er studiert, liegt oft auf einem Lesepult, und meist liegt daneben ein Stift mit Feder, für das rasche, unmittelbare Notieren und Exzerpieren.

Das »Gehäus« ist die Urform dessen, was ich die »Lesekapsel« nenne, in späteren Jahrhunderten wird sie dann immer bequemer, bis hin zu besonderen Lese- und Ruhesesseln mit einer Fußstütze und einem an der Seite angebrachten, schwenkbaren Lesepult. Das Lesen wurde mit der Zeit also entspannter und nahm immer mehr Atmosphären auf, es wurde zu einem »Schweben im Raum« …

Das heißt also, Sie verbinden Lesen und Schreiben mit bestimmten Räumen, das Lesen und das Schreiben werden besonders durch Raumerfahrungen bestimmt und geprägt …

Durch Raumerfahrungen, die ja immer auch atmosphärische Erfahrungen sind. Instinktiv habe ich als Kind wohl auf solche Atmosphären reagiert, denn ich habe bestimmte Bücher nur in bestimmten Räumen gelesen. Das Lesen war für mich also nicht immer ein und dieselbe Tätigkeit, sondern hatte viele, sehr unterschiedliche Formen. Damals, in der Kindheit, war mir das natürlich noch nicht bewusst, heute aber weiß ich aus der Erfahrung von vielen Jahrzehnten, dass ich mein Leben lang solchen Instinkten gefolgt bin.

Ich habe ein sehr eigentümliches, nuanciertes Lese-Verhalten entwickelt, das mit den Räumen und Atmosphären zu tun hat, in denen es sich jeweils ereignet. Hier, auf dem Stuttgarter Grundstück, sind daher auch eigene, sehr unterschiedliche Räume für das Lesen und Schreiben entstanden, ich könnte sie Ihnen nacheinander zeigen, und wir könnten anhand dieser sehr unterschiedlichen Räume über die unterschiedlichen Formen des Lesens sprechen.

Das hört sich verlockend an, ja, das sollten wir unbedingt tun. Aber erzählen Sie mir vorher doch, wie Sie dieses Grundstück in Besitz genommen haben. Sie waren zunächst ja nicht mehr als ein Spaziergänger, der dieses Grundstück von einem Spazierweg aus betrachtete ...

Ich möchte es etwas anders beschreiben: Ich war ein junger Schriftsteller von etwas mehr als dreißig Jahren, der schon einige Bücher veröffentlicht hatte und wusste, dass er in seinem Leben nichts anderes mehr tun würde als schreiben. Dieser junge Schriftsteller suchte nach »seinem Ort«, »seinem Platz«, und das heißt: Er suchte nach dem Ort und dem Platz für ein dauerhaftes Schreiben und Lesen.

Ich glaube, dass sich eine solche Suche im Falle von Schriftstellerinnen und Schriftstellern anders vollzieht als bei den meisten anderen Menschen. Als Schriftsteller sucht man nicht in erster Linie nach einer Drei-Zimmer-Altbau-Wohnung mit Balkon, sondern eben nach Räumen für das Schreiben und Lesen und damit nach Räumen, die wie dafür geschaffen sind, dass sich in ihnen etwas derartig Substantielles wie Schreiben und Lesen über einen längeren Zeitraum ereignet. Das kann eine Drei-Zimmer-Altbau-Wohnung mit Balkon sein, dann ist es aber eine Drei-Zimmer-Altbauwohnung, die auf das Schreiben und Lesen hin angelegt ist.

Man kann beobachten, dass sich Schriftsteller in einem bestimmten Alter sehr bewusst irgendwo »niederlassen«, nicht nur in einer bestimmten Wohnung oder einem bestimmten Haus, sondern auch an einem »Ort«, in einer Umgebung. Ein sehr bekanntes und schönes Beispiel ist das Weimarer Gartenhaus Goethes, das er ja direkt nach seiner Übersiedlung nach Weimar bezogen hat. Goethe war damals sechsundzwanzig Jahre alt, er hatte bereits den *Werther* und all die großen Gedichte geschrieben, die wir mit seinen Jugendjahren in Frankfurt, Leipzig und Straßburg verbinden.

In das Weimarer Gartenhaus einzuziehen, war für ihn eine sehr bewusste Entscheidung: Sich an einem ganz bestimmten Ort für längere Zeit niederzulassen, zur Ruhe zu kommen, einen bestimmten Raum ganz und gar zu bewohnen und ihn auf das Schreiben und Lesen hin auszurichten. Im Grunde hat Goethe sein frühes Weimarer Schreiben und Dichten um dieses Haus und seinen Garten gruppiert, Haus und Garten sind das Fundament für alles, was dann seit 1775 entstand, man kann das bis in die kleinsten Nuancen verfolgen, zum Beispiel auch daran, dass er plötzlich beginnt, ein Tagebuch zu führen. Im Tagebuch notiert er die von Tag zu Tag fortschreitende und sich fortsetzende Inbesitznahme eines Raums, »Im Garten« schreibt er immer wieder, und dann listet er all das auf, was er in Haus und Garten getan hat …

Sie glauben also, dass viele Dichter und Schriftsteller zu einem bestimmten Zeitpunkt ihres Lebens eine besonders intensive Beziehung zu einem bestimmten Raum eingehen?

Der amerikanische Lyriker Gary Snyder hat in einem Gespräch mit dem übrigens wunderbaren und bei uns viel zu unbekannten amerikanischen Essayisten Eliot Weinberger einmal versucht, diesen besonderen Raum begrifflich einzukreisen. Snyder hat davon erzählt, dass seine Gedichte ab einem gewissen Alter etwas von seiner Haltung, an einem bestimmten Platz zu leben, reflektieren, und zwar an einem Platz oder an einem Fleckchen Erde, zu dem er immer wieder zurückkehrt. Wie könnte man diesen Vorgang nennen?, fragt Snyder sich.

Snyder spricht dann von »Verortung«, das gefällt mir, und er spricht vom »Fleckchen Erde«, das gefällt mir auch. Ich habe selbst genau diese Beobachtung gemacht: Dass mein Schreiben ab einem gewissen Alter sehr eng mit dem »Fleckchen Erde« zu tun hat, auf dem ich mich niedergelassen habe und zu dem ich immer wieder zurückkehre. Das alles ist recht geheimnisvoll, im Grunde müsste man sehr genau und minuziös erforschen, was da geschieht, wenn sich die Dichter verorten. Das hat etwas Großes, Mythisches, und es sind da Kräfte und Energien am Werk, die bis zu den frühsten Anfängen der Magien des Dichtens zurückreichen.

Dann erzählen Sie doch bitte noch etwas konkreter von dieser Verortung. Sie erwähnten ja schon, dass Sie damals etwas über dreißig Jahre alt waren und dass Sie eines Tages eher zufällig an dem Ort standen, an dem Sie jetzt leben ...

Ja, ich sagte, dass ich von einem Moment auf den andern genau wusste, dass ich hier leben wollte, genau hier, auf diesem »Fleckchen Erde«, wie Gary Snyder es genannt hat. Es gab auf diesem Fleckchen Erde ein kleines Haus aus roten Ziegelsteinen, das sehr versteckt in einer grünen Wildnis aus wild wachsenden Brombeeren, Ahorn und Robinien lag, dieses winzige Haus war zunächst mein Fixpunkt. Ich stellte Erkundigungen darüber an, ob dieses einsam und anscheinend unbewohnt daliegende Haus mitsamt dem umgebenden Gartengrundstück zu kaufen war. Und ich bekam bald heraus, dass der Besitzer von Grundstück und Haus gerade damals einen Käufer suchte.

So wunderbar und märchenhaft das klingt: Der Besitzer des Geländes suchte *wirklich* einen Käufer, er hatte die Anzeige, die er in der Zeitung aufgeben wollte, sogar gerade zu dem Zeitpunkt formuliert, an dem ich auf ihn zukam. Meine Liebe wurde also erwidert, das »Fleckchen Erde« nahm uns auf. Und von da an haben wir es bewohnbar gemacht, Stück für Stück, es war eine jahrzehntelange Verortungsarbeit, wenn man es so nennen darf, und meine Frau und ich – wir sind darüber zu Bewohnern dieses großen Geländes mit all seinen Schauplätzen des Lebens, Schreibens und Lesens geworden.

Dieser Raum wurde also mit der Zeit zu einem weiten Schreib- und Leseraum …

Ja, und zu einem Raum des nicht abreißenden, unendlichen Gesprächs über Bücher, zunächst natürlich zwischen meiner Frau und mir, dann zwischen uns und den Kindern, und immer wieder zwischen uns allen und den vielen Gästen, die uns besuchen. Manche dieser Gespräche habe ich sogar notiert, dieser Gartenraum spielt in ihnen eine große Rolle.

Können Sie aus diesen Notaten einige Passagen vorlesen?

Einen Moment … *(Ortheil verschwindet im Haus und kommt nach einer Weile mit einigen Kladden zurück. Er setzt sich wieder und blättert darin …)* Ich mag jetzt nicht lange suchen, ich lese Ihnen einfach das Erstbeste vor. Hier zum Beispiel, am Montag, dem 7. Juli 2003, da gibt es eine längere

14

Eintragung über das Lesen und das Gespräch, das dieses Lesen umgibt:

Montag, den 7. Juli 2003. Las in *Alkor,* Walter Kempowskis Tagebuch des Jahres 1989, und beneidete ihn um die vielen Tage, die er in diesem Jahr zu Hause in Nartum erleben durfte. In Ruhe frühstücken, die Katzen hinter dem Ohr kraulen, viel arbeiten, sich mit Frau Hildegard unterhalten, Lektüren nach Lust und Laune, in der Nacht zum soundso-vielten Mal *Frenzy* von Hitchcock, Klavier spielen, Streich-quartette hören …, ich gäbe etwas darum, so die Tage ver-bringen zu dürfen, ohne laufend verreisen zu müssen.

Am meisten gefallen mir Aufzeichnungen von Tagen, an denen fast nichts geschieht, ein Gang ums Haus, ein junger Igel im Gras, Tee am Nachmittag, und im Radio »eine son-derbar akademische Sache von Schumann, für vier Hörner«. Man wird ganz ruhig bei dieser Lektüre und freut sich über die alle paar Seiten auftauchenden kleinen Spitzen: »Dass Streichquartette eine deutsche Angelegenheit sind, kapiert man sofort.«

Las I. in der Küche, während sie das Abendessen vorberei-tete, einige Seiten daraus vor, fragte sie, ob wir die bevorste-hende Woche nicht mit einer Flasche Prosecco einleiten soll-ten, sie zögerte einen Moment, stimmte dann aber zu. Holte die Flasche aus dem Keller und schenkte ein, während ich weiter in Kempowskis Tagebuch las, ich konnte es gar nicht mehr aus der Hand legen, so sehr hatte ich mich festgelesen. Überlegte, ob mir selbst etwas ähnlich Tagebuchartiges, jetzt zu unserem Prosecco-Trinken zum Beispiel, einfallen würde, kam aber nicht weiter als bis zu einem dümmlichen »Am frühen Abend Prosecco getrunken, Kempowski-Lektüre«.

Legte *Alkor* nach dem zweiten Glas zur Seite und ging leicht irritiert und wohl auch etwas über mich selbst verärgert hinüber ins Arbeitszimmer. Schlug die neue Albrecht-Dürer-Biographie in der Reihe *rowohlts- monographien* auf und suchte mit beinahe herrischer Lese-Raffgier nach ein paar interessanten, leuchtenden Stellen. Blieb bei der Schilderung von Dürers Arbeitstechniken hängen, angeblich arbeitete er bei besonders schwierigen Zeichnungen nach der Natur mit dem Silberstift, sonst aber mit der Feder in allen nur erdenklichen Formen des Zuschnitts von spitz bis breit.

Schaute mir dann vor allem seine Selbstporträts an, mehrmals zeichnete er sich seitlich, von Bild zu Bild erfassen seine Augen immer mehr den Betrachter, sie spüren ihn auf und wollen ihn packen, bis er sich endlich entschließt, ihm frontal zu begegnen. Studierte dann auch die Blicke der vier Apostel auf den großen, sich in München befindenden Tafeln und starrte eine Weile auf den weißen Mantel des Paulus, bis ich las: »Nie wurde je wieder ein solcher Mantel gemalt. Wie aus Metall verhüllt er den Träger und steht mit säulenartigen Kanneluren auf dem Boden, während die große Form seiner Eintiefung das lauschende menschliche Ohr riesig reflektiert.«

Nickte und starrte weiter auf das Mantelgebilde, ging dann aber wieder in die Küche hinüber und sagte zu I.: »Nie wieder hat ein Maler einen solchen Mantel gemalt wie Dürer den weißen Mantel des Apostels Paulus.« I. schaute mich von der Seite her an und stellte die Flasche Prosecco aus meiner Reichweite. Setzte mich stumm wieder hin und dachte an Kempowski und Dürer und daran, dass Woody Allen es meisterhaft verstanden hätte, meine Tagebuch-Sprachnot zu karikieren: »Idee für eine Geschichte: Ein paar Biber übernehmen die Carnegie Hall und führen *Wozzeck* auf. (Heißes Thema. Wie werde ich es gliedern?)«

Hatte in den letzten Tagen immer wieder in Allens *Alles von Allen* gelesen und war nach jeder Lektüre unbrauchbar für jede andere, ernsthafte Lektüre gewesen. Musste auch jetzt, bei der bloßen Erinnerung an einige Stellen, lauthals lachen, was I. dazu veranlasste, die Flasche Prosecco rasch wieder in den Kühlschrank zu stellen.

War über das Missverständnis derart erbost, dass ich in den Garten ging, um mit Hilfe einiger Lektionen östlicher Lebensweisheit wieder zur vollkommenen Ruhe des kontemplativen Weisen zurückzufinden. Erinnerte mich an den Meister Zhuangzi, der neben Konfuzius und Laotse zu den drei großen klassischen chinesischen Weisen gehörte und die subtilen Lektionen des »Unbekümmerten Wanderns« beherrschte. Versuchte also, unbekümmert durch den Garten zu wandern, und hörte auf die Worte des Weisen: »Meister Lie konnte auf dem Wind reiten, wohin er wollte; auf wunderbare Weise trieb er dahin und kehrte erst nach fünfzehn Tagen zurück. Doch auch wenn er nicht daran hing, Segnungen nachzujagen, und deshalb nicht zu Fuß gehen musste, gab es doch noch etwas, worauf er sich stützen musste.«

Wanderte noch etwa fünf Minuten bekümmert durch den Garten und ging dann geläutert zu I. in die Küche, um ihr weiter aus *Alkor* vorzulesen ...

*

Möchten Sie noch ein anderes Notat hören?

Unbedingt ...

Also gut:

*

Seit über zwanzig Jahren hatte ich die Hemingway-Droge nicht mehr eingenommen, ich galt als Hemingway-clean und dem stärksten literarischen Lese-Mittel meiner Jugend entwöhnt. Doch dann kam diese Taschenbuch-Sendung des Rowohlt-Verlages mit Büchern von lauter amerikanischen Erzählern, und ganz obenauf lagen die frischen vierhundertfünfzig Seiten Hemingway, die sein Sohn Patrick aus dem Nachlass herausgegeben hat.

Ich riskier's, dachte ich, die Texte aus dem Nachlass sind bekanntlich schwächer als die zu Lebzeiten erschienenen, und so nahm ich bei brütender Hitze im Liegestuhl Platz, um noch einmal Hemingway zu lesen. In *Die Wahrheit im Morgenlicht* beschreibt er eine afrikanische Safari, die ihn 1953 zusammen mit seiner vierten Frau Mary nach Kenia führte, er hat die Erlebnisse in seine altbekannte Erzähldramaturgie gepackt, so dass man schon bald einen seiner Romane zu lesen glaubt.

Ich las und las und die Stunden vergingen, und ich lernte, dass man Elefanten mit dem ersten Schuss in den zweiten Ring des Stoßzahns treffen sollte, besser noch zielte man aber auf die siebte Nasenfalte, von der ersten Stirnfalte an nach unten gezählt. »Vielen Dank«, sagte ich bei jeder Belehrung, und dann holte ich mir einen GinTonic und begann, den GinTonic in kleinen, guten Schlucken während der Lektüre zu trinken. Die Sonne über mir war schon bald die afrikanische Sonne, und ich wurde ein guter Freund des weißen Jägers, und dann und wann kam Mary vorbei und brachte etwas zu trinken.

Am frühen Abend erschien I. im Garten, und als sie erkannte, was ich da im Liegestuhl las, sagte sie nur: »O mein Gott!« – »Fein, dass du da bist«, antwortete ich, »zieh dich rasch um, und mach uns was zu trinken, wir könnten einen wunderbaren Abend zusammen haben.« – »O mein Gott«, wiederholte sie aber nur und ging schnell ins Haus, und ich wartete darauf, dass sie in ihrer weißen Bluse und den frisch gebügelten, ausgebleichten Khakihosen mit etwas Campari oder Gin wieder erscheinen würde. Wir würden den Campari oder den Gin in große Gläser gießen, und dann würden wir anstoßen, und ich würde ihr sagen, wie phantastisch sie sei und dass sie sich vor den Löwen nicht zu fürchten brauchte, denn die Löwen kämen des Nachts nie in ein bewohntes Zelt, sondern höchstens in Zeltnähe.

I. erschien dann wieder mit einer Flasche *Hirschquelle*, und sie hatte ihr rotes Kleid einfach anbehalten, und ich sagte ihr, dass sie auch in dem roten Kleid unglaublich frisch aussehe und *Hirschquelle* wirklich ein phantastisches Mineralwasser sei, mit dem man sich einen feinen Abend machen könne. »Bitte«, sagte I., »rede doch wieder normal«, und dann schaute sie mich an wie einen Kranken und goss das Mineralwasser in kleine Gläser, und dann stießen wir an, und es sah aus, als tränken wir Wasser mit sprudelndem Aspirin, zur Genesung.

Da ging mir auf, dass ich vielleicht schon zu lange Hemingway gelesen hatte und nicht mehr von ihm fortkommen würde, wenn ich nicht sofort etwas dagegen tun würde, und so nahm ich rasch die Bücher der anderen amerikanischen Erzähler hervor.

Flying Home von Ralph Ellison enthält lauter gute Erzählungen, und ich begann mit *In einem fremden Land*. In dieser Geschichte saßen gleich zu Beginn zwei Männer in einem Pub und unterhielten sich so feierlich und nostalgisch, wie sich die Männer immer in Hemingways Büchern unterhalten, und so legte ich Ellisons Geschichten schnell weg und schlug die wunderbaren Erzählungen von Tobias Wolff auf.

In *Zwei Jungen und ein Mädchen* sah einer der Jungen das Mädchen auf einer Party in einem Liegestuhl, und dann ging die Geschichte so los, wie sie auch bei Hemingway losgegangen wäre, und so trennte ich mich auch von diesem

Buch wieder, weil die Hemingway-Dramaturgie zusammen mit einem Liegestuhl jetzt bestimmt nicht das Richtige für mich war.

»Verdammt«, sagte ich zu I. und biss mir auf die Lippen, »es ist gar nicht einfach, ihn loszuwerden.« – »Ich weiß, Liebster«, antwortete I. und goss mir noch ein Glas *Hirschquelle* ein, und dann kramte sie aus dem Haufen all der Taschenbücher, die sich auf dem Gartentisch stapelten, ein schmales, blaues Bändchen hervor. Ich ahnte gleich, dass sie das Richtige gefunden hatte, etwas, das meinen Hemingway-Rausch mit einem Schlag abtöten und mich zur Vernunft bringen würde, und so schloss ich die Augen, trank das Mineralwasser wie ein Genesender in kleinen Schlucken und hörte I. lesen.

Es war das Beste für meinen Zustand, denn es war *Wird alles gut?,* eine Rede von Johannes Rau, und ich sagte mir, Johannes Rau wirkt selbst in den schlimmsten Fällen, er ist einfach phantastisch, so knochentrocken, nüchtern und unsentimental, einfach phantastisch, und schon nach zwei Minuten war es so weit, und ich träumte von Elefanten und Löwen, während im Hintergrund eine Stimme eindringlich fragte: »Wie gehen wir mit der Natur um?«

*

Auf Ihre Hemingway-Lektüren kommen Sie immer wieder zurück, und an vielen Stellen gehen Sie damit, dass Sie Hemingway derart ausgeliefert waren, ironisch um …

Ja, dann versuche ich, ihn mir mit Hilfe der Ironie etwas vom Leibe zu halten. Aber es gibt auch sehr ernste Texte über dieses Ausgeliefertsein, wie Sie es nennen. Hier zum Beispiel …, das ist ein ernster Text der Verehrung, den ich geschrieben habe, als mir zufällig eine Taschenbuchausgabe seines Romans *Über den Fluss und in die Wälder* wieder in die Finger geriet.

Dann lesen Sie doch bitte ...

*

Heute stieß ich zufällig wieder auf Hemingways Roman *Über den Fluss und in die Wälder*, und als ich die alte, vergilbte Taschenbuchausgabe aufschlug, entdeckte ich anhand einer Eintragung ganz vorne, dass ich sie mir bereits als Fünfzehnjähriger während einer Türkei-Reise gekauft hatte.

Der Roman erschien 1950, als Hemingway etwas über fünfzig Jahre alt war, er hat eine Vor- und eine Nachgeschichte. Die Vorgeschichte hat mit Hemingways damaligen Schreibproblemen zu tun, über ein Jahrzehnt hatte er keinen großen Roman mehr veröffentlicht. 1948 war er deshalb, um sich zu regenerieren und auf gute Gedanken zu kommen, mit seiner vierten Frau nach Venedig gereist, er wollte dort den Herbst und den Winter verbringen.

Sie wohnten an einem der Lieblingsplätze Hemingways inmitten der venezianischen Lagune im einsamen Torcello, in der *Locanda Cipriani* waren sie die einzigen Gäste, Hemingway ging auf Entenjagd, an den Abenden legte man große Buchenscheite ins offene Kaminfeuer, es müssen glückliche Monate gewesen sein.

Im Dezember 1948 aber lernte Ernest bei einem Jagdausflug die damals erst neunzehnjährige Adriana Ivancich kennen. Adriana hatte lange schwarze Haare und war eine hinreißende Venezianerin, ihr Vater hatte wenige Jahre zuvor sogar Bürgermeister von Venedig werden wollen, war jedoch von politischen Gegnern ermordet worden. Als übernähme er jetzt die Vater-Rolle, redete Hemingway Adriana mit »Tochter« an, konnte aber damit nicht verbergen, dass er

21

sich in sie verliebt hatte, die unmögliche Liebe muss so heftig gewesen sein, dass seine vierte Frau immer wieder eingreifen und ihn vor Schlimmerem bewahren musste.

Über den Fluss und in die Wälder ist Hemingways Venedig-Roman, es ist seine Huldigung an eine Stadt, die er liebte wie keine andere, und es ist zugleich der Versuch, seine Verbindung mit Adriana Ivancich glücklich zu schreiben. Im Roman heißt sie »Renata«, ist neunzehn Jahre alt und dem etwas über fünfzigjährigen amerikanischen Oberst Richard Cantwell in tiefer Liebe verbunden. Nirgends eine Ehefrau, nirgends ein ermordeter Vater, Renata und Cantwell lieben sich ohne alle Trübungen, nichts trennt sie, ihre Liebe ist so sehr als ein andauernder Gleichklang beschrieben, dass sich die langen Liebes-Dialoge bis zur Blödigkeit hin wiederholen.

Der Roman ist daher vollkommen statisch, beinahe bewegungslos, ohne jede eigentliche Aktion oder Entwicklung, das Paar besucht *Harry's Bar*, speist im *Gritti*, setzt sich in eine Gondel, streift durch Venedig, und allüberall stehen Cantwells alte Haudegen herum, Freunde aus Kriegszeiten und den Zeiten davor, jetzt aber Barbesitzer, Barkeeper oder Kellner. All diese freundlichen und meist gut aufgelegten Männer sind nichts anderes als eine harmonische Kulisse, sie schenken den richtig gekühlten Martini ein, besorgen den richtigen Gin, rütteln den richtigen Champagner und erstehen auf dem Fischmarkt einen garantiert frischen und daher noch lebendigen Hummer, der dann später ganz hinten in einer Bar und keineswegs im großen Speisesaal serviert wird.

So durchzieht den Roman eine Orgie des nicht abreißenden Genusses, schon kurz nach dem Aufstehen am Morgen nimmt Oberst Cantwell Witterung auf und zieht allein durch die Stadt, ihre Fisch- und Gemüse-Stände, ihre Wurst-, Käse- und Brot-Läden inspizierend, ein paar Muscheln werden auf dem Fischmarkt eigens für ihn geöffnet, und er lässt sich ein gebogenes Messer geben und schneidet das Muschelfleisch dann eigenhändig und besser als jeder venezianische Fischverkäufer heraus.

All das muss einem nicht eingeweihten Leser sehr auf die Nerven gehen, und die amerikanische Literaturkritik hat sich an diesem Roman so ausgetobt wie an keinem anderen Hemingway-Roman. Es ist aber der Roman eines Mannes, der sich nach der vollkommenen Stille sehnte, nach purem Dasein, nach nichts anderem als einem ihn erneuernden Leben in einer Stadt, die hier mit so viel Genauigkeit und so viel Liebe zu den unauffälligen Details beschrieben wird wie in keinem anderen der vielen Venedig-Romane. Daher habe ich als junger Leser sogar die penetranten Kriegserzählungen des Obersts überstanden und darüber hinwegphantasiert, dass er mit seinen gerade fünfzig Jahren bereits todkrank, herzkrank natürlich, ist und manchmal schon Mühe genug hat, die vielen venezianischen Brücken schmerzfrei zu nehmen.

Mit *Über den Fluss* schrieb Hemingway sich zu den starken, sinnlichen Erfahrungen seines großen Frühwerks zurück, mit diesem Roman hatte er sein geheimes Ideal der absoluten Gelassenheit und der atmosphärischen Verdichtungen wiedergefunden. Mich wunderte es daher nie, dass zwei Jahre später sein Meisterwerk *Der alte Mann und das Meer* erschien, das die Impulse des Venedig-Romans auf noch kleinerem, konzentriertem Raum zusammenführt.

Der alte Mann ist also die Nachgeschichte, und die *Locanda Cipriani* im (in Herbst- und Winterzeiten) unvergleichlich stillen Torcello gibt es noch heute, und wenn du sie mit einer schwarzhaarigen Venezianerin betrittst, legen die jungen Haudegen noch heute die Buchenscheite ins offene Kaminfeuer und fragen dich, ob du übernachten möchtest, in

Hemingways Zimmer, oben, im ersten Stock, mit dem Blick in die Weite der Lagune.

*

Das ist sehr schön, das gefällt mir sehr. Aber schauen Sie, jetzt bin ich seit etwa anderthalb Stunden bei Ihnen, und wir haben schon über so viele Bücher gesprochen, dass ich mich kaum noch an alle Titel erinnere.

Kein Problem, dann beenden wir jetzt den *Ersten Gang* dieses Bücher-Menus mit einer Liste all der Titel, die wir erwähnt oder gestreift haben. Ähnelt eine solche Liste nicht einem Koch-Rezept? ...: Man nehme und nehme und füge hinzu und nehme noch davon, man lese ein wenig hier und lese dort, man gehe ein wenig hinaus, man lese und komme auf dieses und jenes zurück ..., und schon ereignet es sich, das schöne Gespräch ...

Bücher-Menu 1

Eva Hanebutt-Benz: *Die Kunst des Lesens*. Frankfurt/M. 1985; Sigrid Krine: *Das häusliche Umfeld Goethes*. Frankfurt/M. 2000; Johann Wolfgang Goethe: *Tagebücher. Band: 1775–1787*. Stuttgart/Weimar 1998; Gary Snyder: *Feldnotizen zur Dichtung. Ein Interview mit Eliot Weinberger*. Aus dem Amerikanischen von Ingrid & Reinhard Harbaum. Göttingen 2003; Eliot Weinberger: *Kaskaden. Essays*. Aus dem Amerikanischen von Peter Torberg. Frankfurt/M. 2003; Walter Kempowski: *Alkor. Tagebuch 1989*. München 2003; Johann Konrad Eberlein: *Albrecht Dürer*. Reinbek 2003; Woody Allen: *Alles von Allen*. Deutsch von Benjamin Schwarz. Reinbek 2003; Zhuangzi: *Auswahl*. Einleitung und Anmerkungen von Günter Wohlfart. Übersetzung von Stephan Schuhmacher. Stuttgart 2003; Ernest Hemingway: *Die Wahrheit im Morgenlicht*. Deutsch von Werner Schmitz.

Reinbek 2001; Ralph Ellison: *Flying Home und andere Geschichten.* Deutsch von Manfred Allié und Gabriele Kempf-Allié. Reinbek 2001; Tobias Wolff: *Die entscheidende Nacht.* Deutsch von Ulrich Blumenbach und Frank Heibert. Reinbek 2001; Johannes Rau: *Wird alles gut?* Frankfurt/Main 2001; Ernest Hemingway: *Über den Fluss und in die Wälder.* Übersetzt von Annemarie Horschitz-Horst. Reinbek 2003; *Die Kunst des Gesprächs.* Hrsg. von Claudia Schmölders. München 1979

Der Garten der Lektüren

Stuttgart. Ein großes, hoch gelegenes Gartengelände mit Blick auf die Stadt, fortgeschrittener Morgen, ein sonniger Tag, nach dem Genuss einer Tasse Kaffee …

Die Besucherin: Setzen wir unser Gespräch über das Lesen also fort. Ich schlage vor, dass wir an unsere Überlegungen zu den Dichtern und ihre Verortung im Raum anknüpfen …

Ortheil: Gern. Es gibt zu dem Thema der Verortung der Dichter ein sehr schönes und anschauliches Buch der Fotografin Herlinde Koelbl mit dem Titel *Im Schreiben zu Haus*, Herlinde Koelbl porträtiert darin den Arbeitsalltag von zweiundvierzig deutschsprachigen Schriftstellerinnen und Schriftstellern. Sie hat diese Schriftstellerinnen und Schriftsteller in ihren Schreib- und Leseräumen besucht, sie hat mit ihnen Gespräche über das Lesen und Schreiben geführt, und sie hat die Räume fotografiert, in denen sich das alles ereignet.

Die Ur-Komposition des »Gehäuses«, über das wir bereits gesprochen haben, findet man auf einer Fotografie, die den Schreibraum Peter Handkes zeigt: Ein kleiner Tisch vor einem Fenster, ein bequemer Stuhl, eine Leselampe, das ist alles.

Der kleine Tisch ist die Plattform der Konzentration, des sich sammelnden und konzentrierenden Blicks, der sich vor den Zerstreuungen der Außenwelt zurückzieht. Der Stuhl wiederum ist ein bequemer Stuhl, weil er den Schreiber und

Leser über eine längere Zeitstrecke tragen und stützen und ihn durch die Bequemlichkeit der Sitzposition vergessen lassen soll, wo er sich gerade befindet. Und schließlich gehört zu diesem besonders intensiven Akt der Konzentration noch das Licht, zum einen das von außen einfallende Tageslicht und zum anderen eine Lichtquelle für den Abend und die Nacht.

In einem solchen »Gehäuse« geht es um das »essentielle Lesen«, hier werden wenige Texte immer wieder und immer von Neuem gelesen. Historisch gesehen, geht das Lesen im »Gehäuse« auf die frühen christlichen Leser wie die Apostel oder die Kirchenväter zurück, die uns auf den entsprechenden Bildern ja meist als Leser des Essentiellen gezeigt werden. Solche Leser lesen das *eine* Buch, die Bibel, sie lesen immer wieder darin, sie versuchen, das *eine* Buch immer neu zu verstehen und es sich gleichsam zu den verschiedensten Zeiten und in den verschiedensten Lebenslagen anzueignen. Sie sind dabei immer allein, allein mit dem Buch, es gibt nichts Drittes.

In späteren Jahrhunderten hat sich das »Gehäuse« schrittweise erweitert, zunächst um eine kleine Bibliothek, die meist seitlich, neben dem Lesepult oder dem Lesetisch, postiert ist. Eine der frühsten bildlichen Darstellungen dieser Art zeigt zum Beispiel um 1400 den italienischen Dichter und Philosophen Petrarca in seinem Studiolo. Das Studiolo ist die kleine Studierstube, sie ist das um eine Hausbibliothek erweiterte »Gehäuse«.

In der Hausbibliothek standen zunächst Bücher und Werke, die man immer wieder benutzte, sie bildeten so etwas wie das Rüstzeug des Lesens, es waren Nachschlagewerke oder Werke der Klassiker, in die man sich häufig vertiefte. In den mittelalterlichen Klöstern hieß eine solche Hausbibliothek mit den immer wieder benutzten Büchern »Armarium«, wörtlich übersetzt meint das »Waffenstube«, »Rüstzeug«, das »Armarium« war also eine Sammlung des Grundstocks jener Lektüren, ohne die man nicht weiterkam.

Wiederum etwas später findet man dann in der Nähe des Schreibtischs einen weiteren Tisch oder eine Ablage oder mehrere Ablagen, dadurch entsteht – oft zusammen mit der Hausbibliothek – eine Art »Anbau des Gehäuses« und damit eine Konstruktion, die es erlaubt, dem Schreiben und Lesen laufend neue Nährstoffe und Quellen zuzuführen. Ein solcher »Anbau« ist etwa der Arbeitsraum des Schriftstellers Jurek Becker, wie ihn Herlinde Koelbl fotografiert hat: Ein großer, alter Schreibtisch, im rechten Winkel dazu ein weiterer, kleiner, zwei Schritte entfernt eine Ablage, weitere Tische im Raum, an einer langen Wand die Bibliothek …

Haben Sie eine Vermutung, was sich hinter solchen Erweiterungen verbirgt?

Ja, die habe ich. Peter Handke ist ein essentieller, meditativer Schreiber und Leser, er konzentriert sich ganz auf das Blatt Papier oder den *einen* Text, in dem er sich dann mit höchster Anspannung ausschließlich bewegt.

Daneben gibt es aber auch Schreiber und Leser, die das Schreiben und Lesen laufend mit neuen Zusatzstoffen in Bewegung halten. Sie schlagen etwas nach, sie springen in Zweit- oder Dritt-Lektüren, sie kombinieren Schreib- und Lektüre-Vorgänge. Geht es im Falle Handkes darum, Schreiben und Lesen in ihrer Fortentwicklung immer stärker in sich zu verschließen und sie immer homogener werden zu lassen, so geht es im Falle der Kombinierer darum, Schreiben und Lesen immer wieder kurzfristig zu öffnen, um für kurze Zeit fremde Stimmen hineinschlüpfen und sich über solche Anregungen immer von Neuem inspirieren und aufladen zu lassen.

Dann könnte man von zwei unterschiedlichen Lese- und Schreib-Typen sprechen ...

Genau, und wir könnten diese zwei Typen um einen dritten Typus erweitern, den Typus des wilden Lesers und Schreibers. Der wilde Leser und Schreiber öffnet den Raum der Lese- und Schreib-Bewegungen gleichsam ins Unendliche. Er verfolgt nicht bestimmte Anregungen oder Spuren, sondern er streut zunächst einmal eine große Fülle von Lesematerial vor sich oder um sich herum aus, ohne dass dieses Lesematerial bereits geordnet oder auf irgendein Ziel hin ausgerichtet wäre.

Der wilde Leser ist der gefräßige Leser, er reagiert auf die kleinsten Impulse, denen er dann ohne langes Nachdenken zunächst einmal folgt. Er kauft ein Buch, einfach, weil ihn an einem Buch ein winziges Detail interessiert, oder er leiht Bücher in Massen aus, einfach, weil ihn ein unbestimmtes Signal dazu animiert, dieses oder jenes Buch einmal in Händen zu halten. Oft ist es mit diesem »in Händen halten« dann schon getan, der wilde Leser berührt Bücher, blättert sie durch, liest sich kurzfristig hier und da fest und geht zum nächsten Buch über.

Die Berührung und das Blättern löschen den eminenten Reiz, den das Buch ausübt, allmählich aus, die Berührung bringt die Lust auf das Buch zum Verschwinden. Der wilde Leser ist also ein Leser, der das Lesen mit einem intensiven taktilen Moment verbindet, er muss das Buch unbedingt in die Finger bekommen, er muss es als sinnlich wahrnehmbaren, eigenständigen Körper mit zahlreichen optischen Zeichen und Signalen spüren. Daher tastet er es ab, und zwar nicht nur äußerlich, indem er es in der vielfältigsten Weise berührt, sondern auch während des Lesens, indem er sich nie ganz und gar auf es einlässt, sondern es eher wie eine Art von Fluidum wahrnimmt.

Sie sehen: Wenn wir über bestimmte Typen des Lesens sprechen, sprechen wir über unterschiedliche Formen des Appetits ...

Des Appetits? Wie meinen Sie das?

Man kann das Lesen sehr gut mit der Nahrungsaufnahme vergleichen, ja, man kann sagen: Das Lesen ist die Befriedigung einer bestimmten Form von elementarem Hunger. Und weiter: Lesen heißt, einen Appetit stillen. Ich meine das nicht in einem metaphorischen Sinn, sondern ich meine es konkret und wörtlich. Lesen ist die Zuführung einer bestimmten Speise, und diese Speise ist nicht nur »geistiger Art«, wie man oft sagt, sondern immer auch etwas Sinnliches.

Einen wirklichen Leser erkennt man in meinen Augen daran, dass er diesen Appetit ununterbrochen verspürt und ununterbrochen versucht, ihn zu befriedigen, ob nun durch Zeitungen, Zeitschriften, Bücher, das ist egal, für den wirklichen Leser muss es immer etwas zu lesen geben. Ich bin einmal auf einen kurzen Text von Elfriede Jelinek über das Lesen gestoßen, da hieß es, sie müsse immer etwas Gedrucktes vor Augen haben, egal was, ja genau, habe ich mir bei dieser Lektüre gedacht, genau so ist es, das Lesen ist für den wirklichen Leser, der dann oft durch das wirkliche Lesen zum Schriftsteller wird, etwas Lebensnotwendiges. Im Grunde bestimmt diese Art von Nahrungsaufnahme jeden einzelnen Tag und damit das ganze Leben, und die Minuten und Stunden unterscheiden sich höchstens dadurch, wie stark der Lesehunger ist, den man gerade verspürt.

Seit der Kindheit kenne ich zum Beispiel die starken, beinahe kolikartigen Anfälle eines Lesehungers, der immer dann auftrat, wenn es nichts Rechtes zu lesen gab. Man wurde matter und matter, man dörrte richtiggehend aus, eine unendliche Langeweile und Monotonie breitete sich in einem und um einen herum aus. Oft passierte so etwas übrigens in Gesellschaft von anderen Menschen, also in Gesellschaften, die einem irgendwie aufgedrängt oder aufgenötigt worden waren. Grässlich war es, da stundenlang mitmachen und zuhören zu müssen, nichts kann ja tödlicher sein als Geschwätz, ich habe mir später extra einmal eine Briefpassage Goethes angestrichen, in der er seiner Frau Christiane schreibt, sie solle niemals etwas auf das Geschwätz geben und sich nicht an ihm beteiligen, es führe zu nichts und sei der schlimmste Feind der ruhigen, stillen und konzentrierten Arbeit.

Der wirkliche Leser verachtet das auf der Stelle tretende Geschwätz, weil er Besseres gewohnt ist. Er ist in der Gesellschaft von Buchstaben und Texten aufgewachsen, er ist anspruchsvoll geworden, er weiß, über wie viele unterschiedliche Themen man in einer Stunde nachdenken und wie man sich inspirieren lassen kann. Goethe hat übrigens daraus die Konsequenz gezogen, Gespräche in seinem Haushalt bewusst zu komponieren. Er hat das Geschwätz nicht geduldet, sondern sich genau die Menschen eingeladen, mit denen er über bestimmte Themen sprechen wollte. Im Grunde hat er die Menschen wie Bücher oder wie Texte behandelt, er hat in ihnen und mit ihrer Hilfe gelesen.

Der wirkliche Leser ist also durch das dauernde Lesen so geprägt, dass er die gesamte Umgebung wie eine Lektüre wahrnimmt. Und manchmal leuchten in dieser Umgebung dann sogar Blitzlichter auf, die ihm keine Ruhe mehr lassen.

Blitzlichter? Meinen Sie damit die großen und starken Lektüren?

Ich meine mit »Blitzlichtern« bestimmte Leseimpulse. Plötzlich stößt man auf einen Text oder ein Buch, den man unbedingt und sofort lesen möchte. Es ist gar nichts mehr zu machen, man *muss* ihn lesen, *sofort*. Es geht von diesem Text oder Buch etwas unglaublich Anziehendes aus, als erführe man durch diese Lektüre etwas, das man noch nie erfahren hat und das einen von allen Leiden und Drangsalen für immer erlöst.

Hat man den jeweiligen Text oder das jeweilige Buch dann aber nicht sofort zur Hand, hat man zum Beispiel nur von ihm gehört oder gelesen, so setzt eine Panik ein: Wie komme ich an diesen Stoff, den ich doch unbedingt brauche? Es ist, als fehlte mir eine bestimmte Droge zum Weiterleben, es ist, als wäre ich wirklich ein Süchtiger. Ich erinnere mich, dass ich mich als junger Mann und damit in einem Alter, wo das alle paar Tage geschah, sofort auf den Weg in eine Buchhandlung oder in eine Bibliothek machte, ich musste den Text haben, *sofort*. Konnte ich ihn in einer bestimmten Buchhandlung nicht bekommen, lief ich zur nächsten, und von der nächsten ging es im Notfall weiter zur übernächsten.

Was ich da spürte, war ein elementarer Hunger, ja, wirklich, ich krümmte mich auch physisch richtiggehend vor Hunger: Her mit diesem Buch, oder ich sterbe! Erst wenn ich es in der Hand hatte, trat eine leichte Beruhigung ein, dann aber musste ich sofort darin lesen, es gab keinen Aufschub mehr, ich setzte mich irgendwohin in die freie Natur, auf eine Wiese, auf eine Bank, selbst mitten im Winter saß ich manchmal auf irgendeiner Parkbank, um von der jeweiligen Droge zumindest so lange zu kosten, bis der Suchtpegel sich normalisiert hatte.

Solche Vorgänge beweisen einem doch schlagend, dass das Lesen als ein bestimmter Appetit zu verstehen ist, den man dann im Einzelfall nach seinen Intensitätsgraden unterscheiden könnte. Man könnte dann zum Beispiel sagen: Handkes essentielles Lesen und Schreiben im »Gehäus« ist die Nahrungsaufnahme einer konzentrierten und lange eingekochten Speise. Lesen und Schreiben im »Anbau des Gehäuses« dagegen ist die Nahrungsaufnahme eines kleineren, sorgfältig ausgewählten und komponierten Angebots von Speisen: hier etwas und dort etwas, eine Mixtur also. Und das wilde Lesen schließlich ist die Nahrungsaufnahme von lauter verlockenden Speisen, die ich vorher nicht kenne und die ich planlos, kreuz und quer, wie während einer Orgie, koste.

Bevor wir das weiterverfolgen, noch einmal kurz zurück zu Herlinde Koelbls Buch. Hat sie auch den Lese- und Schreibraum eines wilden Lesers fotografiert?

Ja, das hat sie, und zwar ist es der Lese- und Schreibraum der Leserin Friederike Mayröcker. Es gibt in diesem auf den ersten Blick chaotisch und hemmungslos mit Papieren, Texten und Büchern gefüllten Raum keine Grenzen mehr, keine Übergänge also oder Trennungen zwischen bestimmten Zonen. Der »Anbau des Gehäuses« wurde überwuchert von Material, er ist langsam zugewachsen, wir betrachten einen vollkommen offenen Produktions- und Leseraum. Friederike Mayröcker überlässt sich während ihrer Lektüren also gerade auch den zufälligen, ephemeren und spontanen Impulsen, sie dirigiert ihre Lektüren nicht, sondern sie lässt sich umgekehrt von den Lektüren leiten und von einem Text zum andern führen.

Und Sie? Wie gehen Sie vor? Wie komponieren Sie den Lese- und Schreibraum?

Lassen Sie mich zunächst noch sagen, dass die meisten Leser wohl nicht nur *einem* Typus zuzurechnen sind, sondern etwa im Verlaufe eines Tages laufend den Typus wechseln. Mal lesen sie »essentiell«, mal suchen sie nach Inspiration, mal lesen sie wild, mal flüchtig, wir können unsere kleine Typologie später noch gerne erweitern.

Um Ihre Frage aber jetzt gleich zu beantworten: Ich benutze nicht einen, sondern mehrere, verschiedene Lese-Räume. In meinem Fall haben die verschiedenen Leseräume alle eine Verbindung zum Garten, ja genau, in irgendeinem Sinn nehmen all diese Räume Kontakt zu dem sie umgebenden Gartengelände auf. Das Gartengelände ist gleichsam der weite Raum, in dem die Leseräume dann Stationen bilden. Ich verstehe diese Stationen als Atmosphären, und ich komme von dieser Beobachtung zu einem weiteren Leser-Typus, dem Typus des atmosphärischen Lesers.

Der atmosphärische Leser liest nicht nur in einem Raum, sondern er wechselt und tauscht die Räume. Ein Stück des Tages liest er in seinem »Gehäus«, dann geht er nach draußen, um sich dort, an einem anderen Ort, einer anderen Lektüre zu widmen. Die Lektüren gehen dabei aber meist eine enge Verbindung zu den jeweiligen Räumen ein, Lektüren und Räume durchdringen sich.

Viele Schriftsteller haben – da sind wir wieder bei dem Thema der Verortung – nach solchen atmosphärischen Raum-Anlagen gesucht, um sich in ihnen niederzulassen und in ihnen lauter Schauplätze und Stationen für das Lesen zu schaffen. Durch ein Buch von Hans-Günter Semsek habe ich zum Beispiel einmal erfahren, dass Lawrence von Arabien, der eigentlich Thomas Edward Lawrence hieß, die Landschaften Südenglands so liebte, dass er sich dort 3428 Landhäuser wünschte. Dabei suchte er im Grunde doch nur nach einem einzigen Zimmer, einem kleinen eigenen Raum, in dem man »sitzen und schauen kann«.

Lawrence hat diesen kleinen Raum dann auch gefunden, Cloud's Hill heißt er und liegt im Piddle and Puddle Country des englischen Südens. Es handelt sich um ein winziges Häuschen, mit Bad und Schlafzimmer unten und einem einzigen größeren Zimmer oben, ein Rückzugsort, der auf einem Foto aussieht wie ein Versteck.

Semseks Buch erzählt in dreizehn Fallgeschichten, wie englische Dichterinnen und Dichter zu ihrem je eigenen Ort fanden, von ihm verzaubert wurden und dann meist ein Leben lang nicht von ihm loskamen. George Bernard Shaw zum Beispiel bewohnte mit seiner Familie ein ehemaliges Pfarrhaus in der Nähe von London, dieses Haus hatte ein Ess-, Wohn- und Arbeitszimmer sowie acht Schlafräume, und doch arbeitete Shaw am liebsten in einer fahrbaren kleinen Schreibhütte in seinem Garten, die durch Telefon mit dem Haupthaus verbunden war.

Die meisten der dreizehn Geschichten berichten von diesem geheimen Zusammenwachsen von Haus und Garten und von ihrer Verbindung. Was auf diese Weise entsteht, könnte man als eine »Raum-Phantasie« bezeichnen: Ein bestimmter Raum wird entdeckt, eingekreist und Stück für Stück so in Besitz genommen und gestaltet, dass ein größeres Terrain mit vielen, verschiedenen Atmosphären entsteht.

Ich vermute, Sie haben sich über diese Gestaltung oft Gedanken gemacht.

Ja natürlich, und natürlich habe ich das auch mit der Hilfe von Büchern getan. Irgendwann ist mir zum Beispiel einmal eine Anthologie mit dem Titel *Das kleine Gartenglück* in die Hände geraten, und dort bin ich dann auf die *Andeutungen über Landschaftsgärtnerei* von Hermann Fürst von Pückler-Muskau gestoßen, in denen darüber nachgedacht wird, welche Kunstgriffe einen gemeinen Garten zum schönen Garten machen.

Ich erinnere mich noch genau, dass es auf die Gruppierung von Licht und Schatten ankommt, Rasen, Wasser und weite Flure bilden gleichsam das Lichtmoment, Bäume, Wald und Häuser treten ihm als Schattenmomente entgegen. Zu vermeiden ist der Effekt des Unruhigen oder Zerstreuten, von Vorteil sind das »halb Verdeckte« und die Andeutung, ein einzelner Schornstein in der Ferne erzielt eine stärkere ästhetische Wirkung als ein frei stehender und dadurch nackter Palast.

Die ideale Ergänzung zu diesen Perspektiven waren dann Johannes Roths wunderbare kleine Abhandlungen zur *Gartenlust*. Roth ist ein Meister der Beschreibung, er beugt sich über Blüten und Blätter und studiert ihre Veränderungen, nicht die Fülle beschäftigt ihn, sondern er sucht eher das Glück, das durch die stille, geduldige Betrachtung des Wachstums einer einzelnen Pflanze entsteht.

Das Chinesische Rotholz: »Ganz unten zeigen einige Zweige einen Hauch von Rosa und sogar schwächlich bräunliche Töne, während die zarten Wipfel im Spätherbst immer noch zu wachsen scheinen; dazwischen neun Meter kräftiges Grün …« Die Blütenkelche des Springkrauts – diese »waagerecht aufgehängten Glocken, diese purpurnen Füllhörner mit den empfangsbereiten weißen oder zartrosa Flügeltoren, die so ausladend einladen und doch keinem Schmetterling offen stehen …«

Roth ist aber nicht nur ein Beschreibungskünstler, sondern auch ein von den Pflanzen inspirierter Erzähler, *Die Liebe zum Basilikum* etwa ist wie eine kleine Geschichte, die von lauter Verwandtschaften handelt, von grünen zerrupften Basilikumblättern, von feisten Fleischtomaten und dem sanft scharfen Aroma der Pfefferminze, was mir dann natürlich nahelegte, den Gartengenuss auch umfassender zu begreifen und die Garten-Umgebung unter dem Aspekt ihrer kulinarischen Verwendung zu betrachten.

All die noch grünen, längst nicht mehr zählbaren Äpfel, die da irgendwann vor mir an den Ästen baumelten, sie ergaben zum Beispiel in wenigen Wochen guten Apfelwein und noch besseren Apfelessig, nachdem ich einen kleinen Ratgeber mit dem Titel *Essig und Öl* entdeckt hatte. Schritt für Schritt wurde ich da in die Essig- und Öl-Kunde eingeführt, ich lernte Basisessige von Aromaessigen und speziellen Essigsorten zu unterscheiden, ich stellte Lein-, Mohn- und Nachtkerzenöl her und widmete mich schließlich sogar den exquisitesten Würzölen, dem Meerrettich-, dem Walnuss- und dem unschlagbaren Rosmarin-Limetten-Würzöl.

Daneben aber ging es immer wieder um die Beantwortung der Grundfrage bei der Komposition des Gartengeländes: Wo soll es Sitzplätze geben? Einmal habe ich wahrhaftig ein Büchlein nur über *Sitzplätze* entdeckt, Dorothée Wächter hat es geschrieben. Darin wurde mir zunächst beigebracht, dass Sitzplätze auf Terrassen wie dieser, geschützt durch das nahe Haus, noch kaum größere Herausforderungen für den ästhetischen Sinn darstellen. Schwieriger wird es erst, wenn es um Sitzplätze im freien Gartengelände geht, die einen jeweils eigenen Charakter erhalten und sich zudem noch zu bestimmten Tageszeiten besonders gut bewähren sollen.

Dorothée Wächter komponierte südliche Sitzplätze mit Korbmöbeln und großen Kübelpflanzen und nahm sich für den nächtlich blühenden Garten den Weißen Garten von Sissinghurst Castle zum Vorbild, den Vita Sackville-West dort mit weiß blühenden Pflanzen und silbrigem Laub anlegte. Für den schattigen Mittag und Nachmittag wurde eine Pergola mit Kletterrosen und Waldreben entworfen, während in einen kleinen Teich ein Holzdeck hineinreichte, das von hohem Chinaschilf und Reitgras gerahmt wurde. Am schönsten ist so ein Garten zur Zeit der Humboldtstunde, bei Sonnenuntergang: Dann werden die Blütendüfte intensiver, und die während des Tages im dunklen Granitbelag des Sitzplatz-Bodens gespeicherte Wärme hält einen noch einige Stunden im Freien.

In einem anderen Büchlein, an das ich mich gut erinnere, ging es dann um Blütenhecken. Blütenhecken nämlich übernehmen überall da, wo sonst fahle Mauern und Stützkonstruktionen erscheinen, die Aufgaben von Rahmung und Wegbegleitung mit den Mitteln der Natur. Haselnuss, Schneeball, Eberesche und Glanzmispel – mit diesen heimischen Gehölzen sollte man die Grundstücksgrenzen bepflanzen, anstatt sie mit den handelsüblichen Thujen und Eiben veröden zu lassen. Neben Frühlings- und Sommerhecken sollte man hohe zweireihige Hecken mit Felsenbirnen, Goldregen, Kolkwitzie und Feuerahorn pflanzen, vom Frühjahr bis in den Herbst erfreut man sich dann an den Farben, Blüten und Früchten, ganz zu schweigen von den Dufthecken, die jetzt etwa dort drüben den Gartenpavillon umgeben und vor allem aus Säckelblumen, Königsflieder und Jelängerjelieber bestehen.

Moment, einen Moment … – lassen Sie mich, bevor wir uns vollständig in Gartenkundler verwandeln, nachfragen: Wie hat dieses Gartengelände denn das Lesen konkret geprägt? Oder, anders gefragt: Können Sie das atmosphärische Lesen noch genauer beschreiben?

Das atmosphärische Lesen wird durch die Atmosphären bestimmter Räume angeregt und laufend mitgeformt. In meinem Fall ist das eben in besonderem Maße der Garten. Das bedeutet konkret zunächst einmal, dass ich in meinen Lektüren oft den Veränderungen der Jahreszeiten folge, ja dass ich geradezu süchtig bin, die Spuren und Zeichen der Jahreszeiten auch in bestimmten Texten zu entdecken.

Die Lektüren richten sich dann nach den Gartenräumen aus, und die Gartenräume werden wiederum von den Lektüren atmosphärisch aufgeladen. Ich lese Ihnen ein Beispiel aus meinen Lektüre-Eintragungen vor:

*

»Herr, es ist Zeit. Der Sommer war sehr groß« ... – mein Gott, wie oft habe ich diese Rilke-Zeile schon irgendwo verhunzt und parodiert gelesen, seltsamerweise aber hat sich diese Zeile trotzdem etwas von ihrer unleugbaren Kraft erhalten, denn jetzt, im September, geht mir Rilkes Herbst-Gedicht nicht aus dem Kopf. September also, und schon ist diese leichte Melancholie da, das Abschiednehmen von den freisten und hellsten Zeiten des Jahres, als die Sonne so ewig über uns stand, als gäbe es kein Vergehen.

Ich fand Rilkes Gedicht in einer kleinen Anthologie mit lauter Herbstgedichten wieder, da fallen immerzu die roten Blätter, die grauen Nebel wallen, und die jungen Winzerinnen winken und treten zu einem deutschen Ringeltanz an (Johann Gaudenz von Salis-Seewies). Günter Eich singt ein septemberliches Lied vom Storch, und in Gottfried Benns berühmtem *Astern*-Gedicht streifen die Schwalben die Fluten und trinken Tag und Nacht, schräge Strahlengarben schießen vom Himmel (Rose Ausländer), und die Schneebeeren knallen weiß und schaumig, wenn die Kinder sie zerdrücken (Peter Huchel).

Ach, ich möchte immer weitermachen mit dem Zitieren der schönen lyrischen Herbst-Bilder, und das kommt daher, weil ich die Zeit jetzt anhalten und noch einmal überall hinschauen, lange hinschauen möchte, als dürfte die Zeit nicht vergehen. Da ist es vielleicht gut, dass Brecht mich unterbricht und mir etwas September-Realismus beibringt: »Alljährlich im September, wenn die Schulzeit beginnt / Stehen in den Vorstädten die Weiber in den Papiergeschäften/Und kaufen die Schulbücher und Schreibhefte für ihre Kinder ...«

Ja, so ist es, auch das ist September, vor allem in Bayern, nach dem Ende der späten Sommerferien. Seit Ewigkeiten gehen die Weiber jeden September in die Papiergeschäfte, und danach geht der Herbst allmählich über in den Winter, in einem Herbstgedicht Theodor Däublers liegt übrigens der erste Schnee schon in der ersten Zeile leuchtend auf den Bergen.

Schnee? Winter? Ach nein, noch einmal zurück, »noch einmal die goldenen Herden/der Himmel, das Licht, der Flor« (Benn), noch einmal das elegische Singen, der lange Blick, das Vergehen, zum Beispiel in den *Bucolica*, den Hirtengedichten Vergils. Da stehen die Wacholderbüsche im Licht, und die Kastanien sind struppig, und auf Schritt und Tritt liegen die Früchte unter den Bäumen verstreut: »omnia nunc rident«, »jetzt lacht die Natur«, und es ist schön zu sehen, wie sich die Singenden in diesen Gedichten noch einmal den ganzen Sommer einflüstern, »bemooste Quellen und du Gras, sanfter als der Schlummer, samt dem grünenden Erdbeerbaum, der euch mit lichtem Schatten bedeckt«.

Vergil war kein verwöhnter Städter, der sich sentimental in eine arkadisch erfundene Landschaft hineinträumte, er wurde vielmehr auf dem Land, in der Nähe von Mantua, geboren, sein Vater war anfänglich wohl Töpfer und später ein Grundbesitzer und Bienenzüchter. Vergils »Natur« ist daher die konkrete Landschaft Oberitaliens, ich gerate schon wieder ins Schwärmen, wenn ich mir das jetzt vorstelle: den Bienenzüchter-Vater, Oberitalien und den bäurischen, linkischen Vergil, der mit den *Bucolica* sein erstes größeres Werk schreibt: »Du, Tityrus, lehnst dich zurück, beschirmt von der weitverzweigten Buche, und übst auf feinem Schilfrohr ein ländliches Lied ...« – so beginnt es, und man möchte bei

dieser Lektüre sofort zum oberitalienisch-lateinischen Landmann werden.

Sollen die anderen Gold und Geld scheffeln, heißt es daher
auch in den *Elegischen Gedichten* Tibulls, der sich wenig
später Vergils Gedichte zum Vorbild nahm, ich möchte ein
Landmann werden und junge Weinstöcke zur rechten Zeit
pflanzen und Obstbäume beschneiden mit geschickter Hand,
und der blonden Ceres werde ich einen Kranz aus Ähren
opfern, damit ich Früchte ernten kann in großen Mengen
und saftigen Most.

Ist all das gerichtet, ist der Sänger bereit für die Liebe. Er
streift umher in der Nacht und wartet, dass Delia, die Geliebte, die Türflügel entriegelt und ihn mit Fingerschnippen hin-
einlockt. Heimlich soll es dann zugehen, ohne Licht, und all
das, was geschieht, soll geheim bleiben, weswegen ich auch
jetzt hier leise schließe, denn es sei auch mir nun erlaubt,
»requiescere lecto«, auf dem Bette zu ruhen und ein letztes
Mal, ach, elegisch vom Sommer zu schwärmen.

*

*Bitte, lesen Sie noch einen zweiten dieser atmosphärischen
Texte vor, tun Sie mir den Gefallen?*

Gut, einen Text über den Frühling?

Einen Text über den Frühling!

*

Ich spreche laufend vom Frühling, denn ich habe jetzt bereits
mehr als zwei Wochen im Garten verbracht, von frühmorgens bis spät in die Nacht: »Großer Garten liegt erschlos-
sen/Weite schwingende Terrassen:/Müsst mich alle Theile
kennen/Jeden Theil geniessen lassen!«... – das ist der Beginn

eines Garten-Gedichts Hugo von Hofmannthals, das ich in der Anthologie *Im Garten* gefunden habe.

Die Anthologie beweist, dass vor allem die Lyriker den Garten lieben, er ist ein geeignetes Thema für hymnisches Sprechen, vor allem aber bietet der Garten viel Kleinteiliges, Buntes an, das dann in wenigen Zeilen erfasst und ausgemalt werden kann. Neben den Blumen und Tieren gelten viele Gedichte den Früchten, der Arbeit des Gärtners, aber auch den verborgenen, schönen Winkeln, den Toren, Mauern und Hecken. Der stärkste Zauber verbindet sich mit fremden, fernen und geheimnisvollen Gärten, während die verlorenen oder eine Zeit lang vergessenen etwas Dunkles, Magisches ausstrahlen: »Es ist ein Garten, den ich manchmal sehe/östlich der Oder, wo die Ebenen weit …« (Gottfried Benn)

Mehr als 100 europäische *Meisterwerke der Gartenkunst* von der Antike bis zur Gegenwart habe ich dann in einem Band entdeckt, der jede dieser meist großen Anlagen im Bild zeigt, ihre Struktur erläutert und ihre Stellung in der Geschichte der Gartenkunst fixiert. Alles beginnt mit den Gärten des Alkinoos, die von Homer in der *Odyssee* besungen werden, dann aber kommen schon bald die Garten-Phantasien der Römer dran, die Gartenhäuser mitten im alten Ostia oder die herrschaftliche Anlage der kaiserlichen Villa Hadriana bei Tivoli.

Im frühen Mittelalter, um 827, denkt der Mönch Walahfrid Strabo auf der Insel Reichenau über ein Gärtchen (*Hortulus*) nach, das auf kleinstem Raum ein ganzes Kloster versorgt, während die großen spanischen oder französischen Gartenanlagen etwa von Granada oder Fontainebleau Stimmungsräume der Herrscher sind, die in ihnen so etwas suchen wie ein räumliches Konzentrat der umgebenden Landschaft und einen geschlossenen, aus dieser Umgebung herausgehobenen Bezirk, in dem sie für eine kurze, bestimmte Zeit sorglos und glücklich sein können.

Eine geradezu ideale Garten-Lektüre waren danach die Notizbücher Leonardo da Vincis, enthalten sie doch neben den knappen, sich fast immer auf konkrete Objekte um uns herum beziehenden Aufzeichnungen auch kleine Zeichnungen und Skizzen, die unsere Wahrnehmung schulen. Leonardo zeigt sich in diesen Texten aber nicht nur als glänzender Beobachter (»Eine Meereswelle bricht sich immer unmittelbar vor ihrer Basis, und der Teil des Kammes, der zuvor am weitesten oben war, ist nun am tiefsten …«), sondern immer wieder auch als Ästhet, der über das unscheinbar Schöne und seine geheimen Gesetze nachdenkt: »Die Straße soll an Breite gleich der allgemeinen Höhe der Häuser sein.«

Nicht nur in solchen kurzen Bemerkungen stellen sich die Notizbücher Leonardos als ein einziges Fest des Beobachtens und genauen Schauens dar, sie erheben vielmehr die Methodik des gezielten Blicks zu einer Art Programm. So werden die jungen Maler darüber belehrt, dass bloßes Handwerk nicht reicht, sondern sich erst im Entdecken des konkreten Materials entfaltet: »Wenn du die Perspektive gründlich gelernt und dir alle Teile und Formen der Dinge gut gemerkt hast, dann gehe spazieren und beobachte beim Lustwandeln immer wieder die Haltungen und Gebärden der Menschen beim Sprechen, beim Streiten, beim Lachen oder Raufen …«

*

Das waren also atmosphärische Frühlings-Lektüren. Und jetzt habe *ich* eine Bitte: Darf ich Ihnen, bevor wir wieder eine kurze Pause einlegen, zum Schluss dieses *Zweiten Gangs* noch einen Text über den Sommer vorlesen, und zwar über einen Sommer, den man als Rilke-Sommer bezeichnen könnte?

Eigentlich habe ich Sie für jemanden gehalten, der gegen die Rilke-Verlockung immun ist …

Wollen Sie den Text hören?

Legen Sie los, Sie sehen doch längst, wie ich mich darauf freue.

*

Es ist Sommer …, sagt man, und so ein Anfangssatz hört sich unverfänglich, gelassen und locker an, diesmal aber meine ich ihn schwer und groß und bedeutend, denn ich meine ihn in Rilkeschem Sinn, und das meint im Besonderen, dass der ganze gerade angebrochene Sommer für mich ein einziger Rilke-Sommer werden soll, ein Sommer also im alten und wahren Sinne des Wortes, ein Sommer, den ich nie wieder vergessen werde.

Deshalb habe ich diesmal auch alle Buchpakete beiseite geräumt, nein, ich war endlich einmal nicht lesehungrig, sondern bescheiden, denn ich habe mir für diesen Sommer nur ein kleines, schmales Lese-Brevier vorgenommen, *Sommer* ist der schlichte Titel, lauter Sommer-Lyrik und Sommer-Briefe und Sommer-Prosa von Rainer Maria Rilke sind darin, und ein buntes Bild mit ein paar sich im Sonnenlicht krümmenden Birken von Otto Modersohn aus dem Jahr 1894 ist auf dem Umschlag.

Und dann schlug ich das Büchlein auf und blieb irgendwo hängen: »Ob bei Dir auch solche Sommer-Tage sind? Hier ist immer derselbe Himmel über dem täglich dichteren Land. Alle Häuser sind fortgenommen und in tiefen klaren Schatten gestellt, unter die Kastanien, zu den Syringenbüschen. Und sieht man, vorübergehend, in ein Fenster hinein, so ist drin ein anderes Fenster mit lichtgrünem Rasen davor, kein

45

Innenraum. Die Häuser werden immer kleiner, und der Sommer wird immer mehr.«

Wunderbar, dachte ich und erinnerte mich, dass dies genau die Erfahrung der Kindheit war, der Sommer, der immer mehr wird, und die Häuser, die sich allmählich auflösen, bis alles nur noch ein weiter Außenraum ist und warmer, brütender Stillstand und dass das Kinder-Glück genau darin bestand, »jeden Morgen diesen selben Sommer vorzufinden, der bewundernswert war wie das größte Stück Türkis oder Lapislazuli, das man kennt«.

Tagelang tut sich nichts, das Leben steht still, immer dieselben klaren, fast schmerzenden Farben und die tiefen Schatten, nur ab und zu fährt ein schweres Gewitter dazwischen, und dann sitzen wir in unseren Behausungen und sehen das Licht langsam wieder einziehen: »Und die Sonne nach dem neuen wilden Gewitter fließt so reich herein, als läge wirklich auf allen Plätzen meiner Stube goldechtes Glück. Ich bin reich und frei und träume jede Sekunde des Nachmittags mit tiefem Aufathmen nach. Ich mag gar nicht mehr ausgehen heute. Ich will leise Träume träumen …«

Das Träumerische, das uns in solchen Momenten ereilt, entsteht aus dem Diffusen des Sommers und aus seiner Gewalt, im Grunde sind wir nicht ganz bei Sinnen, deshalb überkommen uns immer wieder die Träume und kleinen Absenzen, so dass wir durch die Tage taumeln, die Bilder kaum zu fassen bekommen und uns unablässig um das Heiße scharen: »Ich bin zu Hause zwischen Tag und Traum. / Dort wo die Kinder schläfern, heiß vom Hetzen, / dort, wo die Alten sich zu Abend setzen, / und Herde glühn und hellen ihren Raum.«

Die meisten Rilke-Sommer sind Sommer irgendwo auf dem Land, ohne große Bewegung, ein Abwarten und Umhergehen, manchmal auch eine Verstörung, ein Kopfschmerz, eine Müdigkeit, vor allem aber ein Sehen und Horchen: »Man muss sie gesehen haben, diese kleinen und ganz kleinen Städte in meiner Heimat. Sie haben *einen* Tag auswendig gelernt; den schreien sie immerfort wie große graue Papageien in die Sonne hinein. Nah an der Nacht aber werden sie namenlos nachdenklich. Man sieht es den Plätzen an, dass sie sich bemühen, die dunkle Frage zu lösen, die in der Luft liegt.«

Daneben aber gibt es auch den Sommer der Großstadt, den Sommer von Paris oder Rom, jene Szenen, wie sie in den *Aufzeichnungen des Malte Laurids Brigge* erscheinen: »Dass ich es nicht lassen kann, bei offenem Fenster zu schlafen. Elektrische Bahnen rasen läutend durch meine Stube. Automobile gehen über mich hin. Eine Tür fällt zu. Irgendwo klirrt eine Scheibe herunter, ich höre ihre großen Scherben lachen, die kleinen Splitter kichern.«

In Paris folgt Rilke den Bewegungen der trägen und exotischen Sommer-Tiere, er schreibt Gedichte über die Flamingos, die Papageien oder den Panther im *Jardin des Plantes*, während es in Rom um die Brunnen geht und um die Wasser-Fontänen: »Auf einmal weiß ich viel von den Fontänen,/den unbegreiflichen Bäumen aus Glas./Ich könnte reden wie von eignen Tränen,/die ich, ergriffen von sehr großen Träumen,/einmal vergeudete und dann vergaß.«

Schließlich aber geht es nach Capri, doch Capri ist auch zu Rilkes Zeiten bereits von den Fremden überlaufen, es ist kein reines Vergnügen mehr, auf Capri zu sein: »Nein, was die Menschen hier aus einer schönen Insel gemacht haben, ist nah am Abscheulichen. Aber das spricht nicht gegen diese Menschen; es waren auf alle Fälle ernste und tüchtige und bedeutende unter den Tausenden, die da mitgearbeitet haben an Capri. Aber haben sie je gesehen, dass die Menschen, wo sie sich nach der Seite der Lust, der Erleichterung, des

Genießens hin gehen ließen oder betätigten, zu angenehmen Resultaten kamen?« Capri – das ist nichts als ein »Unding«, für mich aber ist das genau der richtige Hinweis, in diesem Rilke-Sommer die Capris einfach zu meiden.

Lieber als in Capri werde ich mich also einfach irgendwo in einem guten, kühlen und angenehmen Versteck niederlassen, um dort wochenlang zu verharren! Ich werde keinerlei Aufwand treiben, ich werde es einfach einmal Sommer sein lassen, ich werde essen und trinken, was der Sommer bietet, und ich werde keine Ländereien abfahren, auf der Suche nach was? Den Sommer erleben, das bedeutet nichts anderes als: den Sommer gewähren lassen, passiv und ruhig.

Mit Müßiggang und Trägheit aber hat das alles nichts zu tun, denn mit der Zeit zeichnet der Sommer in uns seine Spuren und seine Bewegung: »Ich bin nicht müßig, und es ist nichts Träges in mir; allerhand Strömung und eine Bewegung, die durch Tiefe und Oberfläche hin dieselbe ist. Eine ganz gute Bewegung ... Vielleicht wäre es am besten, ich taufte diese Zeit: Erholung und lebte sie so (man soll Erholung und Arbeit nicht mischen, halb und halb, wie es immer wieder aus Zaghaftigkeit und versagender Kraft geschieht).«

So gelesen, ist dieses schmale Rilke-Büchlein eine Sommer-Lebenslehre, und es ist unglaublich rührend, zu lesen und dann zu sehen, wie Rilke um »seinen« Sommer kämpft und alles tut, ihn sich zu erhalten. All seinen geraden und aufrechten Fein-Sinn bietet er auf, und schließlich, nach all seinen Kämpfen, bricht es an der schönsten Stelle des Büchleins aus ihm heraus, und wir lesen lauter starke und still machende Worte: »... und darin besteht ja vielleicht meine ganze Lebensfreude und -aufgabe: dass ich, wenn gleich ganz anfängerhaft, unter denen bin, die das Schöne hören und seine Stimme erkennen, selbst wo sie sich kaum aus den Geräuschen heraus hebt; dass ich weiß, dass der liebe Gott uns nicht unter die Dinge gesetzt hat, um auszuwählen, sondern um das Nehmen so gründlich und groß zu betreiben, dass wir schließlich gar nichts anderes als Schönes empfangen können in unserer Liebe, unserer wachen Aufmerksamkeit, unserer gar nicht zu beruhigenden Bewunderung.«

Bücher-Menu 2

Herlinde Koelbl: *Im Schreiben zu Haus. Wie Schriftsteller zu Werke gehen*. München 1998; Elfriede Jelinek: *Lesen*. In: *Literaturen 10/2005*; Hans-Günter Semsek: *Englische Dichter und ihre Häuser*. Frankfurt/M., Leipzig 2001; Ingrid Bade (Hrsg.): *Das kleine Gartenglück*. München 2004; Johannes Roth: *Gartenlust*. Zwei Bände. Frankfurt/M. 2004; Dorothée Wächter: *Garten-Rezepte. Sitzplätze*. München 2003. Jean Pütz, Ellen Norten, Kordula Werner: *Essig & Öl. Von Apfelessig bis Zimtöl*. Reinbek 2004; *Herbstgedichte*. Ausgewählt von Evelyne Polt-Heinzl und Christine Schmidjell. Stuttgart 2001; Vergil: *Bucolica. Hirtengedichte*. Lateinisch/Deutsch. Übersetzung und Kommentar von Michael von Albrecht. Stuttgart 2001; Tibull: *Elegische Gedichte*. Lateinisch/Deutsch. Übersetzt und hrsg. von Joachim Lilienweiß, Arne Malmsheimer und Burkhard Mojsisch. Stuttgart 2001; Andrea Wüstner (Hrsg.): *Im Garten. Gedichte*. Stuttgart 2006; Gabriele Uerscheln: *Meisterwerke der Gartenkunst*. Stuttgart 2006; *Das Da-Vinci-Universum. Die Notizbücher des Leonardo*. Hrsg. und mit einer Einleitung versehen von Emma Dickens. Bearbeitet von Annegret Scholz. Berlin 2006; Rainer Maria Rilke: *Sommer*. Ausgewählt von Thilo von Pape. Frankfurt/M. 2007

Champagner-Lektüren

Stuttgart. Ein großes, hoch gelegenes Gartengelände mit Blick auf die Stadt, später Morgen, ein sonniger Tag, kurz vor dem Genuss des ersten Glases Champagner …

Die Besucherin: Wir trinken Champagner?

Ortheil: Es geht auf den Mittag zu, da sollten wir unbedingt ein Glas trinken.

Einen Ruinart?

Ja, meinen Lieblingschampagner, einen *Ruinart Rosé*, schauen Sie, es gibt ihn auch in der kleinen Flasche, die reicht genau für zwei Gläser …

In unserer Gesprächspause bin ich ein wenig herumspaziert und dabei auf den kleinen Glasvorraum Ihres Hauses gestoßen. Dort liegen Hunderte von Büchern in hohen Stapeln …

Ja, das ist die frische Ware, Bücher also, die in den letzten Tagen hier eingetroffen sind. Jeden Monat erhalte ich viele Bücher, die mir von den Verlagen, ohne dass ich sie bestellt hätte, zugeschickt werden. Ich stehe halt auf den Listen der Rezensenten, da wird einem vieles geschickt, ohne dass man nachgefragt hat. Hinzu kommen dann noch all die Bücher,

die ich auch selbst bestelle, und das sind jeden Monat ebenfalls große Mengen.

All diese »frische Ware« lasse ich zunächst in dem übrigens angenehm hellen Vorraum liegen, dort gibt es einen
kleinen Tisch mit zwei bequemen Sesseln. Der Raum ist so
etwas wie ein Raum des Probelesens, dort nehme ich jedes
Buch in die Hand, lege es wieder weg und nehme es irgendwann später erneut in die Hand. Das geht so lange, bis ich
weiß, wo ich es unterbringen werde. Der gläserne Vorraum
ist also eine Art Empfangs- und Probier-Station, von dieser
Station aus nehmen die Bücher dann ihren Weg in die unterschiedlichsten Lager und Bibliotheken, die auf diesem
Gelände verstreut sind.

*Sie sagten, dass Sie auf der Liste der Rezensenten stehen. Seit
wann rezensieren Sie Bücher?*

Da muss ich etwas ausholen. Sie müssen nämlich zunächst
wissen, dass ich seit den Kinderjahren, also seit den Jahren,
als ich etwa acht, neun Jahre alt war, einen Notier- und
Aufzeichnungs-Tick habe. Ich könnte jetzt lange erzählen,
wie dieser Tick entstanden ist, lassen wir das aber hier einmal
beiseite und nehmen wir es als selbstverständlich hin, dass
es diesen Tick gibt.

Ich notiere täglich, ich notiere in relativ spröder, knapper
Manier, was ich gesehen, getan und erlebt habe. Es handelt
sich nicht um etwas Intimes, und es erscheinen in diesen
Aufzeichnungen auch keine tiefschürfenden Reflexionen,
nein, es handelt sich eher um Protokolle, die mir helfen sollen, nicht zu vergessen. Seit den Kinderjahren habe ich aus
bestimmten biographischen Gründen eine panische Angst
vor dem Vergessen, ich befürchte, ich könnte einmal alles
vergessen, mein ganzes bisheriges Leben, vor allem aber die

Worte, die gesamte Sprache. Das alles hat, wie Sie sich denken können, einen katastrophischen Hintergrund, doch ich möchte davon, wie gesagt, jetzt nicht erzählen.

Für unseren Zusammenhang ist auch nur von Bedeutung, dass es diese fortlaufenden Notate gibt. Und unter ihnen befinden sich natürlich auch sehr viele Notate zu meinen Lektüren: Buchtitel, Inhaltsangaben, Eindrücke, Zitate …, all das. Auf jedes gelesene Buch habe ich mit solchen Notaten reagiert, ich konnte nie lesen, ohne zu notieren, sonst, glaubte ich, würde ich den Leseeindruck für immer verlieren, sonst würde er sich einfach in nichts auflösen.

Das war in der Kindheit natürlich ein rührend-naiver Gedanke, immerhin aber hat er dazu beigetragen, dass ich mir eine Angewohnheit zu notieren anerzogen habe, es ist mir einfach zur Gewohnheit geworden, bestimmte Aspekte meiner Lektüre zu notieren, wir können später darüber vielleicht noch genauer sprechen. Zur Beantwortung Ihrer Frage ist jetzt nur wichtig, dass man die Notate gleichsam als kleine, noch unbeholfene Vorformen von Rezensionen betrachten könnte. Und noch wichtiger ist, dass das Lesen in meinem Fall von Anfang an nach dem Schreiben verlangte, das Lesen ging gleichsam ins Schreiben über, und dann verlief alles vom Schreiben wieder ins Lesen zurück.

Aus dem Leseraum in den Schreibraum zu finden – das ist ein sehr starker, erster schriftstellerischer Impuls. Starke Leseräume bringen erste Schreibräume hervor, und die verlangen dann nach immer weiteren Lese- und Inspirationsräumen. So entsteht allmählich eine schriftstellerische Disposition und eine Haltung, die dann jedes Moment der Wahrnehmung und schließlich auch der Lebensführung prägt.

Ich glaube, dass ich mit fünfzehn, sechzehn Jahren bereits ein recht erfahrener Rezensent war. Damals las ich ja auch bereits einige Tages- und Wochenzeitungen, in denen Rezensionen auftauchten, ich wusste bereits genau, was eine Rezension ist und wie man vorgehen sollte, um so etwas zu schreiben. Ich war also, obwohl ich keine wirklichen Rezensionen schrieb, sondern ausschließlich notierte, für den Ernstfall vorbereitet. Vielleicht sehnte ich mich sogar nach diesem Ernstfall, vielleicht bereitete ich mich insgeheim darauf vor, meine Meinungen und Ansichten zu Büchern öffentlich zu äußern ...

Und wann trat dieser Ernstfall ein?

Der Ernstfall trat durch einen Zufall ein, ich war damals noch ein Schüler kurz vor dem Abitur, und ich lebte in Mainz. Ich hatte den ersten Leserbrief meines Lebens an die Mainzer *Allgemeine Zeitung* geschrieben, es ging darin um eine Filmkritik zu einem Film von Rainer Werner Fassbinder, die in der Zeitung erschienen war und die ich für sehr schlecht und ungerechtfertigt negativ hielt. In meinem Leserbrief begründete ich, warum ich Fassbinders Film gut fand.

Und plötzlich geschah wahrhaftig ein Wunder: Der für das Feuilleton zuständige Redakteur lud mich nach der Lektüre meines Leserbriefs in die Redaktion ein, ich erläuterte ihm noch einmal meine Meinung, er nickte nur, blieb aber sonst beinahe stumm und fragte mich schließlich: »Wollen Sie nicht für uns schreiben? Filmkritiken? Buchkritiken? Musik-kritiken?« – »Ich weiß nicht, ob ich das kann«, habe ich damals gesagt, worauf der Redakteur lakonisch antwortete: »Dann sage *ich* Ihnen, dass Sie das können.«

Von diesem Moment an habe ich Rezensionen und andere Artikel geschrieben, das war ein beinahe feierlicher Beginn, eine Initiation, fast wie in einem Hollywood-Film, nicht wahr?

Ich sehe Spencer Tracy vor mir, in der Rolle des gealterten Redakteurs, er sitzt hinter seinem breiten Schreibtisch, er trägt eine Krawatte, der oberste Knopf seines Hemdes ist geöffnet ...

Genau so ...

Mit anderen Worten: Sie veröffentlichen jetzt seit beinahe vierzig Jahren Rezensionen, Artikel ...

Ja, aber ich habe meist über einen längeren Zeitraum nur für eine einzige Redaktion geschrieben, zunächst für die *Allgemeine Zeitung* in Mainz, später für die *FAZ*, eine Zeit lang für *DIE ZEIT*, dann für die *Neue Zürcher Zeitung* und schließlich sechs Jahre lang für *Die literarische Welt*. Die Jahre der Arbeit für *Die literarische Welt* haben mir am meisten Spaß gemacht, denn ich hatte in dieser Zeit eine ganz besondere, einzigartige Aufgabe: Ich schrieb wöchentlich eine Taschenbuch-Kolumne, in der ich jeweils vier neue Taschenbücher vorstellte. Fast tausend Titel habe ich in den sechs Jahren besprochen, und jeden Monat schickten mir die Taschenbuchverlage ihre neuste Produktion, das allein waren etwa einhundertfünfzig Bücher pro Monat.

Und was geschah mit all diesen Büchern? Ich habe in jedes, aber auch wirklich in jedes einzelne Buch zumindest hineingeschaut, ich habe mir jedes Buch vorgenommen, jedes Buch hat mich zunächst einmal interessiert. Ich hatte also keinerlei Scheuklappen, ich habe nie von vornherein gesagt »das ist sicherlich nichts für mich, das tue ich gleich mal zur Seite«, nein, ich habe mir jedes Buch angeschaut und dabei an vielen, auf den ersten Blick eher abseitigen Büchern ein Vergnügen gefunden, mit dem ich nicht im Traum gerechnet hätte.

Letztlich ergab sich also durch diese wöchentlichen Besprechungen für mich die ideale Leser-Situation: Jeden Monat vor einem Berg von Büchern zu sitzen, die ich gar nicht bestellt hatte, mich jeden Monat von einem sehr großen Angebot überraschen zu lassen. Das kam meinem wilden Leser-Temperament vollkommen entgegen, ich lebte im Schlaraffenland des Lesens.

Inzwischen habe ich diese Bücherzufuhr ein wenig reduziert, aber ich bekomme immer noch so viele Bücher zugeschickt, dass das Lese-Feuer ununterbrochen lodert und brennt. Von den Zeitungen ganz zu schweigen, jeden Tag erhalte ich acht Tageszeitungen …

Dann stelle ich Ihnen jetzt zur Strafe jene saublöde Frage, die man Ihnen sicher bereits häufiger gestellt hat: Herr Ortheil, wie schaffen Sie das bloß, wie machen Sie das, so viel zu lesen?

Vielen Dank, die Frage ist in der Tat sehr bescheiden, denn man kann sich ja an den Fingern abzählen, dass ich all diese Mengen nicht im traditionellen Sinne »lese«. D.h.: Ich lese das alles nicht brav von vorne nach hinten, sondern ich blättere es durch, auf der Suche nach genau jenen Artikeln und Texten, die mich, gerade und nur mich, anspringen. Ich spüre sofort, wenn mich etwas anspringt, ich spüre es an der Reaktion, diesen Artikel oder Text aus der Zeitung reißen oder ihn ausschneiden zu wollen. Das Herausreißen und Herausschneiden ist ein untrügliches Indiz dafür, dass mich an einem Artikel irgendetwas (und meist weiß ich wirklich nicht genau, was …) sehr beschäftigt.

Ich reagiere also passioniert, meine Lektüren folgen meinen geheimen, mir selbst ja auch nicht immer ganz deutlichen oder erklärlichen Passionen. Alles, was mit diesen Passionen zu tun hat, hebe ich auf, all das sammle ich …

Was soll das heißen, Sie sammeln es?

Ach, das ist ganz einfach und wörtlich zu verstehen. Ich hebe es in Ordnern auf, oder ich klebe es irgendwo ein, ich nenne das »eine Chronik führen«. Ich führe keine »Chronik« der aktuellen, wichtigen Zeitereignisse, nein, das gerade nicht, ich führe eine Chronik meiner Lese-Passionen, Texte, viele Bilder und Fotografien, eine bunte, auf den ersten Blick wirre Sammlung, Tag für Tag.

Der Ruinart ist wunderbar.

Ja, nicht wahr? Er besteht, glaube ich, zum großen Teil aus Chardonnay, der Wein-Geschmack ist jedenfalls noch extrem vorhanden, das Schönste aber ist dieses Changieren zwischen den Farbtönen, Orange und Rot, und das unmerkliche, stetige Perlen, sehen Sie, es sieht aus wie eine feine, im Glas hin und her schlingernde Schnur kleiner Perlen ...

Wir verlieren den Faden ...

Ja und?! Der Genuss von *Ruinart* ist eben ein anderer, momentan stärkerer Faden ...

Und wie reagieren wir darauf?

Ich schlage vor, dass ich Ihnen einige leichte und luftige Texte über meine schon erwähnten, etwas abseitigen Lektüren vorlese, jetzt, so kurz vor dem Mittagessen, sollten wir uns nicht mehr an schweren Themen verheben.

Perfekt! Dann schenken Sie bitte mit Texten nach, die zum Ruinart passen ...

Bitte entspannen Sie sich. Rücken Sie etwas in den Schatten und schließen Sie die Augen. Sie sollten weder an Ihre Arbeit noch an Ihren bösen Nachbarn denken, sondern an etwas Angenehmes, das Ihnen eine gewisse innere Ruhe ermöglicht.

Sind Sie so weit? Gut, dann öffnen wir jetzt gemeinsam Tsunetomo Yamamotos *Hagakure II*, das uns lauter tiefe Einsichten in den »Weg des Samurai« beschert. Tsunetomo Yamamoto, sollten Sie wissen, wurde 1659 in Japan geboren und war schon in jungen Jahren ein Schreiber des Fürsten Mitsushige, dem er mit einer kurzen Unterbrechung bis zu dessen Tod diente. Er war vertraut mit den Lehren des Zen und diktierte seine Weisheiten später einem jüngeren Schüler, der sie voller Begeisterung aufschrieb. Aus den so notierten Erzählungen und kleinen Episoden ist das *Hagakure* entstanden, das in Japan noch heute als eines der großen klassischen Bücher einer spirituellen Lebensführung gelesen wird.

Keine Angst, das *Hagakure* verpflichtet Sie jetzt nicht dazu, sich in das nächstbeste Schwert zu stürzen! Sie können aus ihm vielmehr ein paar einfachere Einsichten lernen, die in die Praxis umzusetzen aber manchmal mehr Anstrengung erfordert als jedes dramatische Schwertzücken. Sich nichts aus einem Verlust zu machen, ist zum Beispiel so eine schwer zu befolgende Lebensregel, die Sie sich geduldig etwa so aneignen könnten: Ich mache mir nichts aus dem Verlust meines Hauses (meines Autos, meines Geldes usw.), weil die bloß finanziellen Interessen, die sich dann in mir regen, mir rein gar nichts bedeuten.

Gut so, jetzt sind Sie der Weisheit schon erheblich näher. Sie sollten sich nun darin üben, innere Stärke zu zeigen. Tun Sie Ihren Dienst am Guten auf hohem Niveau, geben Sie niemals auf, zwingen Sie sich zu dieser und jener Entscheidung und entlassen Sie Ihren Diener nicht beim erstbesten

Fehlgriff! Sie zappeln noch immer etwas unruhig auf Ihrem Stuhl? Sie denken noch immer an gewisse »problematische Sachverhalte«, die in Ihrem Freundeskreis auch dann diskutiert werden, wenn sich niemand genau auskennt? Sie sollten mehr daheim bleiben und sich mit Gedichten und Ähnlichem beschäftigen, rät Yamamoto.

Ich sehe, dass Sie die Stirn runzeln. Bleiben Sie ruhig, entspannen Sie sich und öffnen Sie mit mir das kleine, handliche Bändchen *Konfuzius für Gestresste*. Konfuzius, zitiere ich jetzt einmal ganz simpel das Vorwort, ist der berühmteste Chinese der Welt, noch berühmter als Mao. In China wird er Kongzi, Meister Kong, genannt, den Namen Konfuzius gaben ihm erst die jesuitischen Missionare. Konfuzius lebte von 551 bis 479 v. Chr. und hatte, wie er selbst behauptet, eine harte Jugend. Er wirkte vor allem als Pädagoge, der die Söhne jener Adligen unterrichtete, die ein Amt am Hof anstrebten.

Seine Lehren kommen nicht immer so direkt auf den Punkt wie die des Yamamoto, sie bleiben oft auch ein wenig dunkel und geben Ihnen daher gute Gelegenheiten zum anspruchsvollen Grübeln. So heißt es etwa von dem Meister: »War die Matte nicht gerade, so setzte er sich nicht.« Und an anderer Stelle sagt der Meister kurz und deutlich: »Eine Eckenschale ohne Ecken: was ist das für eine Eckenschale, was ist das für eine Eckenschale!«

Sie runzeln erneut die Stirn? Ihnen fällt aber auch rein gar nichts zu solchen kurzen Offenbarungen ein? Langsam, Sie sind das richtige Grübeln noch nicht gewohnt, Sie denken vielleicht noch zu sehr im Blick auf Wirkungen und Zwecke. »Der Edle ist kein Gerät«, sagt aber der Meister.

Das ist Ihnen nun zu abstrakt? Und Sie lernen sowieso eher und lieber über das Fühlen, statt nur den Kopf anzustrengen? Jalal od-Din Rumi ist der bedeutendste Mystiker des Islam, er wurde 1207 im heutigen Afghanistan geboren und starb 1273 in Anatolien. Er hat Ihnen das 27 000 Verse umfassende mystische Lehrgedicht *Masnawi* sowie 3500 Oden, 2000 Vierzeiler und einen Band mit Tischgesprächen hinterlassen. In seinen Versen geht es um die Wege der Liebe, die sich mit den Wegen des Verstandes nur selten kreuzen. Hören Sie oder sprechen Sie mir gleich laut nach: »Liebende wissen: Rosen blühen/Im blutigen Schleier der Liebe ...« Und weiter: »Verstand sieht einen Markt/Und feilscht drauflos;/Liebe sieht tausend Märkte/Hinter diesem einen.«

Sehen Sie, auch hier gibt es durchaus etwas zum Grübeln, aber Sie grübeln sinnlicher, mit den schönsten Bildern vor Augen. Sie nicken, ich habe Sie überzeugt? Dann hören Sie zum Schluss noch einen Satz, der den Weisen erfreut: »Kommt, der Rosengarten ist erblüht!« (Jalal od-Din Rumi)

*

Und jetzt der zweite Text, um eine Nuance mehr auf praktische Anwendung hin orientiert ...

*

Ihr muslimischer Arbeitskollege hat Sie zum Abendessen in seine Wohnung eingeladen. Ja und? Sind Sie auf eine solche Einladung vorbereitet? Haben Sie auch nur einen Hauch Ahnung davon, wie Sie sich benehmen sollten?

Peter Heine ist Professor für Islamwissenschaften in Berlin, er hat ein schmales, konzentriertes Buch geschrieben, das Ihnen weiterhilft. Heine erklärt Ihnen zum Beispiel, dass Sie auf keinen Fall zu früh erscheinen sollten, Sie stören sonst die Gastgeber bei ihren in jedem Fall aufwendigen Vorbereitungen. Muslimische Gastgeber nehmen nämlich das Projekt »Gastfreundschaft« noch in orientalischem Sinne ernst, Sie warten also nicht mit ein paar Häppchen und einem Schlückchen Prosecco auf, wie Sie es von sonstigen Einladungen gewohnt sind, sondern legen sich so richtig ins Zeug.

Wenn Sie ein Gastgeschenk mitbringen, dann bitte nur ein kleines, unauffälliges, am besten auch eingewickelt. Wundern Sie sich nicht, wenn Ihr Gastgeber es nicht auf der Stelle auswickelt, Muslime sind viel zurückhaltender als Sie und wickeln erst aus, wenn Sie wieder gegangen sind. Anstatt sich zu wundern, sollten Sie lieber die Schuhe ausziehen, Sie können auf niedrigen Schemeln Platz nehmen, besser aber noch setzen Sie sich direkt auf den Boden. Geben Sie nicht zu erkennen, wenn Ihre Füße einschlafen, bewegen Sie laufend unauffällig die Zehen, dann kann so etwas nicht passieren.

Der Tisch ist voller Schüsseln und Platten, es ist eine Pracht. Sie sollten nun nicht gleich zugreifen, wie Sie es sonst tun, nein, Sie sollten zögern. Zögern Sie also, zögern Sie sogar mehrmals, je mehr Sie zögern, desto besser. Haben Sie dann etwas zu sich genommen, wird Ihnen meist sofort wieder nachgelegt, essen Sie also nicht zu schnell, sonst endet die Mahlzeit für Sie erst dann, wenn alles zu spät ist.

Und wie steht es um das Gespräch oder, wie Sie meist sagen, um »die Kommunikation«? Sie können nicht laufend über Ihre gemeinsame Arbeit sprechen oder über Ihre Ex-Familie, gehen Sie lieber auf Themen ein, die auch Ihren Gastgeber beschäftigen. Ein solches Thema wäre nicht unbedingt immer nur »Deutschland«, sondern zum Beispiel: »Türkei«. Sie haben keine Ahnung von der Türkei? Sie könnten höchstens von eintönigen Ferientagen an irgendeinem türkischen Strand erzählen? Nun gut, ich habe da etwas für Sie, Literatur auf der Höhe der Zeit, wie Sie so etwas nennen.

Peter Scholl-Latour, *Allahs Schatten über Atatürk*, beinahe fünfhundert randvoll und eng bedruckte Seiten geballter journalistischer, mindestens fünfzigjähriger Erfahrung.

»Zwei riesige bärtige Gesichter unter schwarzem Turban richten ihren strengen Blick auf die Zollstation Esendere ...«, so beginnen die Kapitel bei Scholl-Latour. Immer wird aus der direkten, sinnlich geradezu greifbaren Erfahrung berichtet, immer werden Sie Schritt für Schritt an all das Unbekannte herangeführt, das Sie so verwirrt. »Ich unterhalte mich zwanglos mit den türkischen Zollbeamten«, so geht es weiter. Zwanglos, Zollbeamten, türkisch ..., bemerken Sie, wie Peter Scholl-Latour Ihnen hier allmählich die Angst nimmt und wie er Sie ganz langsam vertraut macht mit den unerbittlichen Problemen, die natürlich, wie sagen Sie doch immer, »politischer und gesellschaftlicher Natur« sind?

Mit fünfhundert hochaktuellen Seiten Scholl-Latour können Sie ganze Abende bestreiten, Ihre Gastgeber werden sich wundern, wenn Sie vom »Uniformierungszwang des Kemalismus« parlieren oder über das »Siedlungsgebiet der türkischen Aleviten in der Provinz Hatay«.

Das ist Ihnen alles zu brisant? Dann übergebe ich Sie an Annemarie Schimmel, die weltbekannte Islamwissenschaftlerin und Sufismusexpertin. Sie erklärt Ihnen Leben und Werk des Maulana Dschalaluddin Rumi (1207–1273), von dessen wunderbaren Versen ich Ihnen bereits erzählt habe. »Wie die Feder ward mein Herz in des Liebsten Händen ...« – schön, dass es Ihnen gleich dämmert.

Rumi hat alles bedichtet, was Sie auf dem Tisch Ihres Gastgebers jetzt staunend betrachten, warten Sie mit kurzen Zitaten auf, in denen er ein Kichererbsenpüree oder Kebab oder Schafsfüße preist, so wird man Sie schätzen lernen. Erst dann deuten Sie Ihren Durst an – »Nicht nur die Durstigen suchen das Wasser, das Wasser sucht auch die Durstigen« (Rumi) –, mit so viel bescheidener Andeutungskunst haben Sie dann endgültig gewonnen.

Ortheil: Und noch ein dritter Text, der handfest zur Sache kommt und damit von Lektüren auf eine relativ ungewöhnliche Weise erzählt ...

*

Sie sind zu einer dieser Partys unterwegs, die Sie nicht verpassen dürfen, aber Sie fühlen sich gehetzt und getrieben, und außerdem sind Sie hungrig, da Sie den Tag über kaum etwas gegessen haben. Sie geben Ihren Mantel an der Garderobe ab und stürzen sich ins Getümmel, Sie reden und reden, aber Sie bekommen kaum etwas mit.

Wenn es so läuft, sollten Sie gleich zuhause bleiben, meint Eva Gesine Baur, die einen Ratgeber zur Kunst des Small talks geschrieben hat. Darin nimmt sie den Leser einfach an der Hand und geht mit ihm – ruhig, gaaanz ruhig – die einzelnen Schritte durch, die ihm zu guten kurzen Gesprächen verhelfen. Der Smalltalk ist nämlich, anders als Sie vielleicht meinen, kein oberflächliches Reden, sondern eine Konzentrationsübung. Hellwach und präsent sollten Sie sein und die Stimmungen Ihres Gegenübers mit allen Sinnen erspüren. Würzen Sie das Gespräch mit interessanten Bemerkungen, geben Sie es nicht aus der Hand, versacken Sie niemals in passiver Erstarrung – die Ratschläge von Eva Gesine Baur gehen bis in alle Details.

Haben Sie einige dieser Ratschläge befolgt, erleben Sie ein Gespräch nicht mehr als Pflichtübung, sondern als beinahe erotisches Ritual versteckter Annäherung. Damit Sie bei derartigen Höhenflügen aber nicht peinlich abstürzen, hat Max Christian Graeff ein Buch über die *Vokabeln der Lust* geschrieben. Was dürfen Sie wie sagen, ist da etwa die Frage, wenn gewisse Fakten aus dem sexuellen Bereich zum Thema der Unterhaltung geworden sind. Auf bestimmte Praktiken können Sie elegant anspielen, indem Sie den sexuellen Verkehr als »englisch«, »bulgarisch« oder auch »indisch« bezeichnen, Ihr Gesprächspartner wird die Diskretion der Andeutung zu schätzen wissen und sich mit einigen Bemerkungen über seine letzte Hentai-Lektüre revanchieren (Hentais sind japanische Comics mit einer streng begrenzten Bildersprache …).

Gehören solche Unterhaltungen auf zweiter Ebene zu den Höhepunkten der Konversation, so hilft Ihnen das alles doch nicht weiter, wenn Sie es mit einem Fundamentalisten zu tun haben. Der Philosoph Hubert Schleichert hat in seiner *Anleitung zum subversiven Denken* darüber nachgedacht, wie man mit solchen Leuten diskutieren kann, ohne den Verstand zu verlieren.

Das Hauptproblem einer derartigen Konversation besteht darin, dass Fundamentalisten dazu neigen, Ihnen die Art ihrer eigenen Argumentation aufzuzwingen. Wenn Sie etwa zu der Erklärung gedrängt werden, dass Sie etwas Bestimmtes getan haben, so wäre es ein Fehler zu behaupten, dass Sie es eben *nicht* getan haben. Je mehr Sie nämlich etwas bestreiten, umso mehr geraten Sie in eine Falle: Sie reden so lange über ein Thema, das Ihnen von Ihrem Gesprächspartner aufgenötigt wurde, bis ein Außenstehender annehmen muss, dass an dem Vorwurf doch etwas dran ist.

Hubert Schleichert kennzeichnet die Fallgruben solcher Gespräche und zeigt, mit welchen Tricks man sie überspringt. Seine Darstellung ist so anregend und bestechend, dass Sie geradezu Lust darauf bekommen werden, die Argumente Ihres Gegners frühzeitig zu durchschauen und sie mit der ganzen logischen Kompetenz eines klaren Verstandes zu unterlaufen. Ihr Gesprächspartner beweist nicht das zu Beweisende, sondern besonders lautstark etwas ganz anderes? Schon erkennen Sie, dass er nur einen Strohmann angreift, um vom eigentlichen Thema abzulenken: »Ignorantia elenchi« (Irrtum über das zu Beweisende)!, warnt Sie Ihr Verstand, und sofort holen Sie zur rhetorischen Widerlegung aus.

All diese verfeinerten Gesprächsformen können, wenn alles gutgeht, am Ende in eine Kunst münden, die das gelungene Gespräch voraussetzt und aus ihm den optimalen Nutzen zieht: die Kunst des Klüngelns. Klüngeln ist die Fähigkeit, zwischen noch so entlegenen Gesprächen geheime Verbindungen herzustellen. Klopfen Sie Unterhaltungen also daraufhin ab, welche weiteren Kontakte und Gespräche sich womöglich aus ihnen ergeben. Im Laufe der Zeit wird sich Ihr »Klüngelspeicher« füllen, Sie werden wittern, womit sich Ihre Gesprächspartner so alles beschäftigen, und nun wiederum deren Kontakte für eigene Zwecke einsetzen.

Im virtuosen Stadium ist Klüngeln die Herstellung eines fast mafiosen Netzes von guten Beziehungen, von denen niemand sonst etwas ahnt. Dieses Netz funktioniert nach familiären Grundsätzen: Tust du meinem Vetter Gutes, kümmere ich mich um deine Nichte. Durch perfektes Klüngeln wurde Köln schon im Mittelalter zur bedeutendsten deutschen Stadt nördlich der Alpen. Das aber gelang nur, indem die Kölner ihre durch römische und damit südliche Anregung erworbene Gesprächskultur kultivierten. Noch heute ist daher ein Kölner Brauhaus *der* Ort für ein Studium generale, wo Sie bei einigen Kölsch gleichsam im Schnellkurs alle Konversationshürden nehmen: Köln wartet …

*

Und zum Schluss noch ein Text aus meinem Lektüren-Tagebuch, der uns langsam der Küche näher bringt, der konkreten und der mit gut gemischten Lese-Genüssen …

Teresa Lust hat in vielen amerikanischen Restaurants als Köchin gearbeitet. Mit der Zeit sind ihre Kochkünste immer vollkommener geworden, aber wie vollkommen sie waren, bemerkte sie erst, als ihr Mann ein kleines schwarzes Buch kaufte, um darin die gemeinsam eingenommenen Mahlzeiten zu protokollieren: sautierter Lachs mit Zitrone und Schnittlauch auf einem Bett von Bärlauch …, geschmorte Lammkeule …

Die kurzen Notizen waren mehr als bloße Rezeptnotizen. Mit Datum, Uhrzeit, Ort und Anlass der Mahlzeit versehen, ergaben sie Stoff für Geschichten. Teresas Kochen versammelte Menschen an einen Tisch, es wirkte verbindend. Mahlzeiten wurden so zu Erinnerungsträgern, sie erinnerten an Freunde, Orte und Erlebnisse gleichzeitig, sie wirkten, indem sie die Sinne stimulierten, wie kleine Gesamtkunstwerke.

Die Notizen ihres Mannes haben Teresa Lust zu einem Buch animiert. *Das Gewürz des Lebens* kreist um Mahlzeiten und Rezepte, ist aber als Ganzes ein episodisch erzählter Roman, den ich, auf eigene Erinnerungen vertrauend, am liebsten sofort weitererzählen würde: Wie ich mit meiner Agentin im Münchner *Katzlmacher* einmal gebratene Tauben aß …

Ach, am liebsten würde ich von meinen Lektüren nur auf diese Weise erzählen, in dem ich, fein abgestimmt auf die jeweilige Lektüre, in eigene Geschichten und Erzählungen hinüberwechseln würde. Die schöne Idee vertiefte ich nach der Lektüre von Johann Peter Hebels Kalendergeschichten. Was für ein Buch! Ganz brav und naiv gibt es sich auf den ersten Blick, aber dann zieht es einen hinein in ein Labyrinth des meisterhaft kalkulierten Durcheinanders. Rätsel, Lebenslehren, Erzählungen, Anekdoten, Betrachtungen über verschiedene Formen des Regens, Gedanken über Spinnen – und das alles in der unschuldigsten Manier, mit Eröffnungssätzen, die einen mit ihrem treuen Blick ködern, bevor sie einen ins Dunkle und Unheimliche verschleppen: »Noch immer glauben Leute, dass die giftigen Schlangen mit der Zunge stechen. Allein es ist schon lange außer Zweifel gesetzt, dass sie an der obern Kinnlade zwei Giftzähne haben, die sie in eine Scheide zurückziehen und wieder hervorstoßen können. Diese Zähne sind hohl und …«

Hebel hat ein besonderes Faible für Tiere, immer wieder kommt er auf sie zurück und erzählt von Maulwürfen und Eidechsen, von fliegenden Fischen und Wölfen, keine Frage, dass ihn ein Buch wie Michael Mierschs *Das bizarre Sexualleben der Tiere* begeistert hätte. Wie viele interessante Geschichten hätte er allein aus Mierschs Lexikon, das vom Aal bis zum Zebra das Tierreich durchmustert, gewinnen können!

Zum Beweis springe ich Johann Peter Hebel als sein heutiger Weiterschreiber kurz einmal zur Seite und ergänze hier seine Kalendergeschichten um ein neues Blatt, dessen Inhalt ich mir bei Michael Miersch geborgt habe: »Wenn die Breitfuß-Beutelmaus im fernen Australien zur Welt kommt, ist ihr Vater längst tot. Es heißt, die Anstrengungen der Paarung hätten ihn dahingerafft. Diesem Glauben zu trauen, fällt einem leichter, wenn man weiß, dass die Beutelmausmännchen sich oft länger als zwölf Stunden ausschließlich der Befriedigung ihres Geschlechtstriebes widmen, wobei sie jegliche Speise verschmähen …«

Na? Habe ich zu viel versprochen? Kommt nicht bereits der erste Satz so packend und dicht daher, dass man sofort weiterliest? Und werden die verblüffenden Informationen nicht mit einem echt Hebelschen, naiv tuenden Unterlaufen des Bizarren dargeboten? Schon gut, ich komme wieder zur Sache und preise, da ich mich nun schon bei den Tieren aufhalte, eine neu erschienene Ausgabe des *Physiologus*. Der

Physiologus ist eine wahrscheinlich im 2. Jahrhundert v. Chr. zusammengestellte Textsammlung über Tiere und Bäume, die in der abendländischen Literatur jahrhundertelang unsere Vorstellungen von ebendiesen Tieren und Bäumen bestimmt hat.

Mein Lieblingsartikel in diesem Büchlein ist der vom Elefanten: »Es gibt ein Tier im Gebirge, Elefant geheißen. In diesem Tier wohnt keine Begierde nach Begattung. Will es nun Nachwuchs zeugen, wandert es in den Osten, in die Nähe des Paradieses …« Mit dem, was Michael Miersch herausgefunden hat, stimmt das nicht überein, regt die erzählerische Phantasie aber mehr an als die Information, dass der Penis des Elefanten bis zu 1,5 Meter lang werden und sich wellenförmig ausrollen kann. Was die *Physiologus*-Elefanten im Osten machen? Früchte austauschen, eine Mahlzeit einnehmen, sich der »Gewürze des Lebens« erinnern, die Zeugung vorbereiten …

Bücher-Menu 3

Anke te Heesen: *Der Zeitungsausschnitt. Ein Papierobjekt der Moderne.* Frankfurt/M. 2006; Tsunetomo Yamamoto: *Hagakure II. Der Weg des Samurai.* Hrsg. und aus dem Englischen von Guido Keller. München 2001; *Konfuzius für Gestresste.* Ausgewählt von Ursula Gräfe. Frankfurt/M. und Leipzig 2001; Andrew Harvey: *Die Lehren des Rumi. Weisheiten des Herzens.* Aus dem Englischen von Giovanni und Ditte Bandini. München 2001; Peter Heine: *Kulturknigge für Nichtmuslime.* Freiburg 2001; Peter Scholl-Latour: *Allahs Schatten über Atatürk.* München 2001; Annemarie Schimmel: *Rumi. Meister der Spiritualität.* Freiburg 2001; Eva Gesine Baur: *Leicht gesagt. Die große Kunst des Smalltalks.* München 2001; Max Christian Graeff: *Vokabeln der Lust.* München 2001; Hubert Schleichert: *Wie man mit Fundamentalisten diskutiert, ohne den Verstand zu verlieren.*

München 2001; Anni Hausladen, Gerda Laufenberg: *Die Kunst des Klüngelns*. Reinbek 2001; Teresa Lust: *Das Gewürz des Lebens*. Aus dem Amerikanischen von Karin Müller. München 2001; Johann Peter Hebel: *Die Kalendergeschichten*. München 2001; Michael Miersch: *Das bizarre Sexualleben der Tiere*. München 2001; *Physiologus*. Griechisch/Deutsch. Übersetzt und hrsg. von Otto Schönberger. Stuttgart 2001

Küchen-Lektüren 1

Stuttgart. Ein großes, hoch gelegenes Gartengelände mit Blick auf die Stadt, der Mittag eines sonnigen Tages, in der Küche des Gartenhauses ...

Die Besucherin: Sie wollen jetzt wirklich für uns beide kochen?

Ortheil: Nur eine Kleinigkeit, die nicht viel Zeit in Anspruch nimmt: *Penne mit etwas Sommergemüse,* ein italienisches Gericht, aber ohne Tomaten.

Warum betonen Sie das so ausdrücklich?

Weil ich die italienische Küche liebe, es aber nicht ausstehen kann, wenn immer wieder Tomaten zum Einsatz kommen. Der übliche Tomaten-Sugo macht jede gute Pasta zu einer langweiligen, vom breiigen Tomaten-Geschmack überdeckten Pampe. Deshalb lasse ich den Tomaten-Sugo weg und konzentriere mich auf frisches Gemüse, Zucchini, Paprika und noch vielerlei anderes, Sie werden sehen, es geht wirklich rasch.

Kochen Sie häufig?

Ja, ich koche sehr gern und häufig. Aber ich beherrsche keineswegs viele Gerichte, sondern nur einen kleinen Grundstock, und es reizt mich überhaupt nicht, mich als professioneller Koch zu gerieren und jede Woche ein neues Rezept auszuprobieren. Ich kenne die venezianische Küche recht gut, und ich kenne die römische Küche noch besser, das sind die beiden Küchentraditionen, aus denen ich meine Koch-Phantasien und -Improvisationen im Wesentlichen bestreite.

Was die deutsche Küche betrifft, so stütze ich mich auf die Rezepte jener Regionen, in denen ich aufgewachsen bin, das sind der Westerwald und das Rheinland, Köln also und seine Umgebung. Ich lebe zwar seit beinahe dreißig Jahren auch in Schwaben, aber ich habe zur schwäbischen Küche nicht eine solche Verbindung entwickelt wie zu jenen regionalen Küchen, die ich schon als Kind kennengelernt habe.

Die Küche der Kinder- und Jugendjahre kennt man ja sozusagen blind, sie ist der Urfonds, mit dem man genährt wurde und mit dem die ganze Gefühlsskala der frühsten kindlichen Empfindungen verbunden ist. Noch heute koche ich besonders dann westerwäldisch oder rheinisch, wenn ich ein gewisses Sehnsuchts- oder Heimwehmoment spüre, die italienische Küche dagegen ist die Küche meiner späteren großen Liebe, der Liebe zu Italien und damit zu der einzigen landschaftlichen Ferne und Fremde, die ich ebenfalls als eine Heimat empfinde.

Letztlich koche ich aber nicht nur, um den Kontakt zu den Ländereien der Heimat zu erhalten, sondern vor allem, weil ich den Küchenraum selbst so liebe. Ich halte mich einfach unglaublich gern in diesem Raum auf, der Küchenraum ist der wichtigste Raum in diesem Haus.

Wie viel Zeit verbringen Sie denn hier?

Das kommt darauf an, wie viel Lesezeit ich mir in der Küche gönne. Vielleicht überrascht es Sie, wenn ich Ihnen nämlich sage, dass der Küchenraum für mich ein geradezu idealer Lese-Raum ist. Ja, ich lese wirklich außerordentlich gern in der Küche. Und das verläuft dann zunächst so, dass ich mir ganz bewusst ein Gericht vornehme, dessen Herstellung einige Zeit braucht.

Ich koche also zum Beispiel einen aufwendigen Braten, der zwei oder drei Stunden im Ofen schmoren sollte. Dann bereite ich das Fleisch vor, schiebe es in den Ofen, widme mich dem Kleinschneiden und der Vorbereitung der Beilagen und nehme, wenn alles auf den Punkt bereit ist, in der Nähe des Ofens Platz. Es ist, als ließe ich mich am Lagerfeuer nieder und als wäre mein momentanes Stieren in die Backofenglut ein Stieren in die Glut eines großen Feuers draußen im Freien.

Das Ergebnis ist eine starke Beruhigung, ja, ich werde, je länger der Braten schmort, umso ruhiger, es ist fantastisch. Ich öffne dann eine Flasche Wein und trinke das erste Glas, dann kann mir überhaupt nichts mehr passieren, ich sitze am Lagerfeuer, eine leichte Beseligung setzt ein, der gesamte Raum füllt sich immer mehr mit dem Duft der Speisen, er wächst gleichsam in diesen Duft hinein.

Das ist der ideale Moment für die Lektüre, oder, besser gesagt, es ist der ideale Moment für bestimmte Lektüren.

Und welche Lektüren wären das?

Das kann ich Ihnen am besten zeigen, wenn wir uns die kleine Küchenbibliothek dort drüben ansehen …

Schauen Sie, hier stehen zum einen natürlich Kochbücher, die ich für das Kochen brauche oder in denen ich dann und wann etwas nachschlage. Ein wirkliches Lesen ist das aber nicht, nein, in Kochbüchern lese ich eigentlich nicht, ich benutze sie eher als Gedächtnisstützen.

Ganz anders aber steht es um Bücher über das Kochen an und für sich, in denen lese ich hier in der Küche sehr gerne, denn natürlich intensivieren diese Lektüren die Vorfreude auf die in Vorbereitung befindlichen Gerichte noch einmal enorm. Im Grunde handelt es sich bei diesen Büchern also um »Appetitanreger« ersten Grades, sie intensivieren sogar die Kochlust, ja sie gaukeln einem schließlich vor, all die Arbeit, die man sich macht, wäre Koch*kunst* und man selbst wäre wahrhaftig nichts anderes als ein virtuoser Künstler, der sein Material vollendet und daher in einem durchaus artistischen Sinn beherrscht.

Drittens aber finden Sie in dieser Küchenbibliothek noch Lektüren, die mit dem Kochen auf den ersten Blick nicht das Geringste zu tun haben. Es handelt sich ausschließlich um Bücher von hervorragenden Essayisten und Kolumnisten, das ist in meinen Augen die klassische und beste Unterhaltungsliteratur für die Küche.

Einen Moment ... Bevor Sie das noch etwas genauer erläutern, möchte ich zunächst Ihre »Appetitanreger« ersten Grades kennenlernen. Was sind das für Bücher, können Sie mir einige vorstellen?

Sofort, aber lassen Sie mich zuvor mit dem Kochen anfangen und lassen Sie uns vor allem ein erstes Glas Wein trinken, einen Weißwein, ja, genau, einen Weißwein aus Venetien, einen *Sauvignon Vulcaia Fumè 2003* des Weingutes *Inama*. Diese Flasche öffne ich jetzt, dann setze ich den großen Topf mit dem Kochwasser auf.

Da hinein kommt später die Pasta, *Penne rigate Nr. 41* von *De Cecco*, das sind die besten Penne, die Sie im Handel bekommen können, glauben Sie mir. 15 Minuten werden sie kochen, und in dieser Zeit bereite ich das Gemüse vor, ich

schneide es klein und schmore es in einer Pfanne mit Olivenöl etwas an. Aber zunächst der Wein ..., ich bin in Rom auf
ihn gestoßen, in dem wunderbaren Delikatessen-Geschäft
von *Roscioli* in der Nähe des *Campo de' Fiori*. *(Die Flasche
wird entkorkt, es wird eingeschenkt und gekostet ...)*

So, nun aber zurück zu Ihrer Frage nach den »Appetitanre-
gern«. Nehmen Sie am besten zunächst Francesca Rigottis
Buch *Philosophie in der Küche* zur Hand und betrachten Sie
seine Themen und Stoffe als Basis unserer Lesemahlzeit.
Setzen Sie mit den ersten Kapiteln über die verblüffende
geheime Verwandtschaft von Philosophieren und Kochen
an, geben Sie dann einige Gedanken zur Besonderheit der
philosophischen Kost hinzu. Schmecken Sie ab, wie Frau
Rigotti uns mit der Diät der Philosophen vertraut macht,
insbesondere mit der Immanuel Kants, der sämtliche Speisen
mit Senf würzte und den Kaffee ganz außerordentlich liebte,
ihn aber für schädlich hielt, so dass er den kategorischen Im-
perativ in Anwendung bringen musste, um ihn nicht täglich
zu trinken.

Lassen Sie alles ein wenig kochen, beobachten Sie, wie ganz
unerwartete Themen aus der Tiefe aufsteigen, Verse Dantes
etwa über Hunger und Durst der Seele, über die Engelsspei-
sen im Paradies und die Speise der göttlichen Wahrheit, die
im Danteschen Sinne so etwas wie den geistigen Hunger
hervorrief. Das derart Angerichtete köchelt jetzt leicht, fügen Sie nun einige der köstlichen Geschichten und Rezepte
um Gewürze und Kräuter hinzu, die der Meisterkoch Klaus
Trebes in seinem Buch anbietet.

Verfolgen Sie, woher der Safran stammt und wer ihn schon
früh gerühmt hat, bedenken Sie die Untaten der Safranfäl-
scher im Mittelalter, die gefärbte Teile der Ringelblume, der
Eselsdistel oder der Artischockenblüte als Safran verkauften.

Betrachten Sie nun den echten Safran, der dunkelorange ist, sehr intensiv duftet und mit den Fingern zerrieben leicht fettig erscheint. Lassen Sie sich die alte Liedstrophe »Safran macht den Kuchen gel« auf der Zunge zergehen und gehen Sie Ihren Erinnerungen nach, als der Safran wahrhaftig gel (gelb) in Ihren Speisen erschien, in einem Risotto milanese etwa, in einer Bouillabaisse oder im Weihnachtszopf.

Kommen Sie nun noch einmal auf die Basis-Anrichtung unserer Mahlzeit durch Frau Rigotti zurück, die sich den Grundelementen der philosophischen Mahlzeit widmet. Das »Brot der Wahrheit« wird hier an erster Stelle erwähnt, Philosophen wie Diogenes Laertios sprachen vom Weizen der Philosophie und der Gerste der Rhetorik, diese feine Unterscheidung nimmt Dante auf, wenn er das Lateinische als Weizen und das Italienische als Gerste der Sprache bezeichnet. Naschen Sie ruhig ein wenig von den Worten aus Milch, die Paulus den Korinthern schickte, und rühren Sie dann das Ei, aus dem »alles kommt«, das Weiße also, das für die Stoiker die Ethik symbolisierte, dann das Gelbe (die Physik), zerreiben Sie auch die Schale (die Logik).

Fügen Sie nun einige Prisen der *Kleinen Kulturgeschichte der Gewürze* von Hansjörg Küster hinzu, in dem die pflanzlichen Gewürze von Ajowan bis Zypergras zunächst exakt beschrieben, dann aber auch vor allem in ihrer Heilwirkung studiert werden. Erfahren Sie etwas von den sich wandelnden Sitten des Würzens und von der Bedeutung der Gewürze in Mythologie und Aberglauben, diesmal handelt es sich also nicht auch um ein Kochbuch – wie im Fall von Klaus Trebes, der Ihnen im Gefolge seiner Geschichten seine süchtig machenden Rezepte nachreicht (»Rotbarben auf Seeigel-Safran-Butter« sage ich nur ...), sondern um ein Lexikon, das, wie Herr Küster erläutert, »ein Gesamtbild einer jeden Gewürzpflanze skizzieren« soll.

Halten Sie jetzt einige Momente inne und fragen Sie sich mit Ursel Wahrburg, ob Sie vielleicht ganz anders essen wollen, vegetarisch, makrobiotisch, anthroposophisch, nach der Evers-Diät oder am Ende sogar als Anhänger der Schnitzer-Kost? Ursel Wahrburg erklärt Ihnen dann, dass die Schnitzer-Kost auf den im Schwarzwald ansässigen Zahnarzt Johann Georg Schnitzer zurückgeht, der alle Ernährung gleichsam von den Zähnen her denkt und den Menschen dadurch als Früchte-, keineswegs aber als Fleisch- oder Gras-Esser erkennt, die Folgen dieser Erkenntnisse sind Frischkornbrei und viel Rohkost, verzweifeln Sie nicht, Ursel Wahrburgs Buch ist ein kompetenter und kluger Führer durch Diäten und alternative Ernährungsformen, am Ende dürfen Sie sowieso essen, was immer Sie wollen, nur nicht zu viel und bei ausreichender Bewegung, womit wir zum letzten Mal zur Rigottischen Grundsuppe zurückkehren, und zwar zum letzten Kapitel des Buches, das von Ess-Exzessen und der Todsünde der Völlerei handelt.

Aristoteles berichtet von dem Unmäßigen, der sich den Schlund eines Kranichs wünschte, um das Essen länger genießen zu können. Gregor der Große hielt das übermäßige Essen für die natürliche Vorstufe der Unkeuschheit. Lassen Sie sich das kurz durch den Kopf gehen, dann aber kauen und genießen Sie still. »Das Ich bin ist innen«, schrieb Ernst Bloch, »alles ist hier nur zu fühlen, leise kochend, leicht brausend.«

*

Habe ich Sie jetzt überzeugt, dass es sich bei den erwähnten Büchern um »Appetitanreger« ersten Grades handelt?

Bitte noch mehr, ich möchte noch mehr davon hören …

Ortheil: Sehr gern, aber vergessen Sie nicht, weiter von dem herrlichen Weißwein zu trinken:

*

Suppen-Bars sind etwas Feines. Neulich habe ich in Köln zufällig eine in der Nähe des Stadtmuseums gesehen und gleich gedacht, dass ich am liebsten in allen deutschen Städten mit mehr als 20000 Einwohnern mindestens eine Suppen-Bar eröffnen würde. In jeder von ihnen gäbe es um die zwanzig verschiedene Suppen, und zur Eröffnung der schönsten Filialen würde ich Marianne Sägebrecht einladen, die ihre Lieblingssuppen vorstellen und Geschichten aus ihrem Suppen-Buch vorlesen würde.

Marianne Sägebrechts Suppen-Buch heißt *Meine Überlebenssuppen* und beginnt mit einer »kleinen Kräuterphilosophie«, denn Kräuter sind für eine gute Suppe schließlich zentral. Rosmarin, Thymian, Minze, Bohnenkraut, Kümmel – Marianne Sägebrecht widmet sich ihren Lieblingskräutern, indem sie von ihnen erzählt oder sie in weit ausschweifenden, temperamentgeladenen Monologen auftreten lässt, ihr Buch ist nämlich kein steriles Koch- und Rezepte-, sondern ein Lebens-Buch, deshalb handelt es im Blick auf Kräuter und Suppen auch das gesamte Leben um Garten, Küche und Wohlbefinden gleich mit ab.

Im zweiten Teil entführt sie einen dann in ihr Suppenparadies und vermittelt gleichsam die Elementarlehren der Suppenherstellung, bevor sie im dritten für jeden Monat des Jahres eigene Suppen vorstellt, jetzt wäre vielleicht die Rumford-Suppe dran, etwas Kräftiges, Sättigendes also mit Kartoffeln und Graupen, mit Knoblauch, Liebstöckel, Sellerie und geriebenen Haselnüssen, zu dieser Suppe isst man am besten ein angebräuntes, kurz geröstetes Nussbrot (»Dazu passt ein dunkles Bier«).

Luise Berg-Ehlers und Gotthard Erler haben sich in ihrem Buch *Ich bin nicht für halbe Portionen* um Fontanes Ess- und Trink-Leidenschaften gekümmert, die in seinen Romanen, in denen ausgiebig getafelt wird und die auf den Tisch kommenden Speisen bis ins Detail beschrieben werden, ihren sinnlichen Niederschlag finden. Dabei sind sie im Archiv der Landesgeschichtlichen Vereinigung für die Mark Brandenburg auf seine bisher nicht veröffentlichten, eigenhändig notierten Wochenspeisepläne gestoßen.

Marianne Sägebrecht hätte an ihnen großes Gefallen gefunden, denn Theodor Fontane entpuppt sich in ihnen geradezu als Suppenfanatiker. Jede Woche ist akzentuiert durch eine fleischliche Sphäre, Hammel-, Schweinefleisch- und Rindfleisch-Sphären wechseln ab, in der Rindfleisch-Sphäre kommt es zu wahren Suppen-Exzessen, Kartoffel-, Linsen-, Wirsing- oder Kerbel-Suppen eröffnen die Mahlzeiten, und zum Nachtisch gibt es Pfannkuchen, Windbeutel oder Baisers.

Natürlich spielt auch der die Suppen begleitende Wein bei Fontane eine bedeutende Rolle, leider wird meist nur getrunken, was gerade zur Hand ist, da haben wir es jetzt besser, denn wir können auf Stuart Pigotts *Kleinen genialen Weinführer* zurückgreifen. Stuart Pigott hat schon mehrere Wein-Bücher veröffentlicht, das Wohltuende an ihnen ist sein unkomplizierter Umgang mit Wein, keine künstliche Andacht, kein verquastes Vokabular, so räumt er gleich zu Beginn mit den »zehn größten, dümmsten und schlimmsten Wein-Irrtümern« auf, bei Irrtum 5 handelt es sich zum Beispiel um den Aberglauben, auf den richtigen Jahrgang komme es unbedingt an.

Nichts da, sagt Pigott in seiner trockenen, britischen Art, auf den Winzer kommt es vor allem an, die wichtigste Angabe auf den oft so redseligen Etiketten ist die Angabe, wer den Wein produziert hat. Und weil das so ist, stellt er die verschiedenen Weinsorten nach Weingütern vor, bewertet nach Preis- und Pigott-Punkten, ein trockener Weißwein vom Weingut Frank Meyer im pfälzischen Klingenmünster kostet nicht einmal fünf Euro und bietet doch: »Die ganze Frische eines reifen grünen Apfels ohne eine Spur Süße.«

Wenn Süße – dann Zimt! Irene Dalichow hat ein eigenes Buch nur über dieses Gewürz geschrieben. Zimt ist übrigens nichts anderes als die von der Außenborke befreite innere Rinde von Zweigen eines Baumes der Lorbeer-Familie, ursprünglich ansässig in Ceylon und im südlichen Indien. Die innere Rinde wird in kleinen Stücken abgeschält und getrocknet, nach der Fermentierung steckt man die Stücke ineinander, so entsteht die hohe Ästhetik der Zimtstangen.

Auch Dalichows Buch ist kein Buch der Rezepte, sondern eines »rund um den Zimt«, der als »Zaubermittel für die Gesundheit«, als Räucherzauber, in Kombination mit Getränken wie Kaffee, Kakao oder Ingwertee, in süßen und vor allem pikanten Gerichten (»Magische Kohlsuppe – indisch«) zur Geltung kommt, bevor am Ende die Phalanx seiner Freunde aufzieht, Anis, Kardamom, Muskat, Senfsamen und Zitronengras sind darunter. »Spice up your life!«, schreibt Irene Malchow, nach all diesen Lektüren braucht sie das nicht zweimal zu sagen …

*

So, jetzt kocht das Wasser, jetzt kommen die Penne hinein, daneben schneide ich hier weiter die Zucchini und Paprika und das übrige Gemüse in Streifen … – aber machen wir auch mit unseren Lektüren weiter, ich habe noch vielerlei Anregendes für Sie:

*

Barbara Rias-Bucher hat in ihrem *Kleinen Deutschland Kochbuch* sechzig Rezepte deutscher Lieblingsgerichte mit regionalen Akzenten zusammengestellt. Dabei ist ihr aufgefallen, dass die deutsche Küche in viel stärkerem Maß als etwa die südlicher Länder eine Küche der Jahreszeiten ist. Herbst und Winter haben bei uns einen bestimmten Geschmack, denn sie werden von Gerichten begleitet, die wir ausschließlich und vor allem in diesen Jahreszeiten essen. Auch fehlt der deutschen Küche der Wille zum Raffinement ebenso wie die Lust an der Improvisation, sie ist einfach, gediegen, eine oft »vorzügliche Hausmannskost«.

Gerade deshalb aber sollten wir sie nicht verachten, sondern begreifen, dass »Hausmannskost« eine Küche mit starken Erinnerungs- und familiären Bindungswerten ist: An Tante Theas Schnippelbohnensuppe erinnern wir uns, weil niemand besser Schnippelbohnensuppe macht als Tante Thea und die Schnippelbohnensuppe zu Tante Thea gehört, so etwas können wir von Fabrizios Spaghetti eben nicht behaupten, weil Fabrizios Spaghetti exakt so schmecken wie die von Lorenzo, Claudio und all den anderen. »Pellkartoffeln mit Grüner Sauce«, »Rinderrouladen«, »Forelle blau« aber – das alles sind nicht nur Namen von Gerichten, sondern Titel kleiner Erzählungen und Geschichten: Von schönen Momenten, als wir wieder einmal zusammensaßen und das Essen uns an die Kindheit erinnerte.

An unsere Spanien-Aufenthalte erinnert uns Cornelia Adam mit einem handlichen Büchlein über *Tapas*, jene kleinen Köstlichkeiten also, die man in Spanien oft in einer Bar an der Theke zu einem Glas Sherry erhält. »Tapa« heißt auf Deutsch »Deckel«, denn ursprünglich verstand man unter »Tapas« Weißbrotscheiben, die man auf das Sherryglas legte, um den Inhalt vor Insekten zu schützen. Jetzt aber sind daraus Häppchen geworden, die entweder nur aus Gemüse oder aus Fisch und Meeresfrüchten oder vor allem aus Fleisch bestehen.

Ein Sommersalat mit Paprikaschoten, Tomaten, Gurken, Knoblauch und frisch geriebenem schwarzen Pfeffer, ein Avocado- oder ein Bohnensalat – Tapas sind ideal für heiße Sommertage und haben zudem noch den Vorteil, dass man sie zubereiten kann, wann immer man will, selbst eine Lagerung von einigen Tagen im Kühlschrank überstehen sie mühelos. Auf die Salate könnten wir »Eingelegte Sardellen« oder ein »Garnelenomelett« folgen lassen, ganz zu schweigen von »Gefüllten Rindsröllchen mit Serrano-Schinken« oder »Nierchen in Sherry«, gekrönt von kleinen »Speckpflaumen« und einem höchstens handtellergroßen »Entenragout« – wegen ihrer kleinen Mengen sind Tapas etwas für den ganzen Tag, man wärmt sie kurz auf und isst sie höchstens lauwarm, dazu trinken wir einen trockenen, hellgoldenen Fino.

In den letzten Ferien hatte ich aber auch einmal Zeit, mich der großen Vielfalt der asiatischen Küche zu widmen, Asienläden gibt es schließlich an jeder zweiten Ecke, ich habe mich nur viel zu selten dort in Ruhe umsehen können. Susanne Bodensteiner ist mir bei meinen Einkäufen mit ihrem *Asia Kompass* behilflich, in dem wir von A (»Agar-Agar«) bis Z (»Zitronengras«) erfahren, woraus die spezifischen Feinheiten der asiatischen Küche bestehen. So lerne ich etwa, wie ich mit den länglichen Blütenknospen der Gelben Taglilie umzugehen habe, damit sie als Gemüsebeilage zu Fisch oder Fleisch passen, wie ich dunkle, rotbraune Hoisin-Sauce als Dipsauce für gegrilltes Fleisch zubereite oder hauchdünnen Frühlingsrollenteig herstelle, den ich dann mit einem Gemüsecurry fülle, zu dessen Verfeinerung ich getrocknete Blätter des Daun-Salam-Baums verwendet habe.

Natürlich gehört die französische Küche zu den Höhepunkten der Kochstudien, fast neunhundert eng beschriebene Seiten hat das große *Standardkochbuch* des Altmeisters Paul Bocuse, bei dessen Namen viele Leser wahrscheinlich an eine extrem aufwendige Küche mit viel Firlefanz denken. Genau das aber ist die Bocuse-Küche eben nicht, sie ist vielmehr jene Küche, die aus den frischen Produkten des Marktes (»La cuisine du marché« ist der französische Buchtitel) auf ganz einfache, aber wohlüberlegte Weise das jeweils Beste herausholt. So ist Bocuse sich etwa keineswegs zu fein, uns zu erklären, wie man einen guten Gurkensalat oder ein simples Omelett macht, scheinbar unbedeutende Details seiner Handgriffe spielen dabei eine entscheidende Rolle und sind der Grund dafür, dass sich ein Bocuse-Omelett von einem Normal-Omelett sehr unterscheidet.

Ein einziges warmes Gericht genügt für ein großes Essen, sagt der Meister, und überhaupt sagt er ganz anderes als wir gerade von ihm erwarten. Rot unterstrichen habe ich seine zentrale Getränke-Empfehlung: »Ich kann sehr wohl verstehen, dass man während eines ganzen Essens nur Champagner trinkt: Das ist ebenso einfach wie köstlich.«

*

Sollen wir?

Sollen wir was?

Endgültig zum Champagner wechseln?

Na gut, aber nur, weil es sich direkt und geradezu konsequent aus unseren Lektüren ergibt ...

Ich verstehe ..., gleich sind übrigens die Penne fertig, und das in Streifen geschnittene Gemüse habe ich nun in Olivenöl angeschmort und etwas klein geschnittenen Knoblauch dazugetan. Jetzt gieße ich etwas Vino Santo in die Pfanne, dann Salz und Pfeffer, und zuletzt hebe ich die Penne unter das Gemüse und lasse alles noch etwas köcheln ...

Zum Champagner wünsche ich mir aber noch einige Lektüre-Empfehlungen ...

Sofort, hier ist beides:

*

Heute sind wir bei Christiane Nüsslein-Volhard zum Essen eingeladen. Christiane Nüsslein-Volhard ist bekanntlich die erste deutsche Nobelpreisträgerin, aber das macht ja nichts, Hauptsache, sie kocht leidenschaftlich gern und hat einen unvergleichlich schönen Garten. Der Garten verpflichtet sie geradezu, Feste und Einladungen zu veranstalten, da kommen wir gern, obwohl sie natürlich schrecklich wenig Zeit hat und in der Regel relativ einfache Gerichte kocht und sehr oft dasselbe. Egal, massenhaft Zeit haben auch wir nicht, deshalb interessiert uns besonders, wie sie es schafft, in der Küche Tempo zu machen.

Tempo macht Christiane Nüsslein-Volhard zum Beispiel mit Hilfe der Mikrowelle, die sie keineswegs nur zum Aufwärmen, sondern regelrecht zum Kochen benutzt. Bei Mikrowellen, erklärt sie, wird das Essen nicht nur von außen erhitzt, sondern innerlich, die Wellen dringen richtig tief ein, und die Wassermoleküle absorbieren sie und werden dadurch in sehr schnelle Schwingungen versetzt. Toll, sagen wir da, von einer Nobelpreisträgerin kann man so richtig was lernen, »Apfel cardinal« etwa werden wir nur noch in der Mikrowelle zubereiten, das dauert bei hoher Stufe höchstens fünf Minuten, auf Himbeerpüree und Schlagsahne sowie einen »Hauch Calvados« als Beigabe allerdings werden wir verzichten und lieber überlegen, ob wir mit unseren Äpfeln nicht gleich zum Apfelkompott durchstarten, denn das verfeinert Christiane Nüsslein-Volhard mit Zimt, Weißwein, Rosinen und gerösteten Mandelblättchen.

Mmmm, ganz fein ist das, wirklich sehr adrett und frisch, wir bedanken uns und ziehen dann weiter zu Klaus Wilhelm Gérard, der bekanntlich als einziger Nicht-Italiener die Lizenz zum Trüffelsuchen hat und seit mehr als zehn Jahren mit seinem Hund durchs Unterholz streift. Wo finden wir aber nun die kostbaren Trüffeln? Bei großen Bäumen bis zu fünf Metern und mehr vom Hauptstamm entfernt an den Wurzeln, bei kleineren in der Nähe der Hauptwurzel, daneben aber auch unter großen Ginster- und Wacholdersträuchern. Da streunen wir nun so herum und lassen vor allem Attila, den Hund, suchen und machen, im Idealfall nimmt Attila nämlich bald Witterung auf, erstarrt, saugt die Luft sehr heftig ein und scharrt. Dann holen wir unsere *vanghetta* hervor, die altehrwürdige Lanze mit dem hölzernen Schaft, stoßen zu und haben prompt eine 70-Gramm-Trüffel in der Umhängetasche.

Was damit machen? Ganz klar, schnell eine kleine, schlichte und ehrliche Trattoria aufsuchen, am besten eine, in der es gerade eine Pasta mit Wildschweinsauce in tiefen Tellern gibt. Dort bürsten wir unsere Trüffel, salzen und pfeffern sie und hobeln sie dann ratzfatz über die Nudeln, mmmm, ganz fein ist das und wirklich zum Augenverdrehen! Wir haben ganz richtig daran getan, das gute Stück gleich zu verzehren, denn sonst würde die Trüffel, je nach ihrer Art, bis zu sieben Prozent ihres Gewichts täglich verlieren.

Wollen oder müssen wir sie dennoch für ein paar Tage aufheben, so hat Klaus Wilhelm Gérard für uns den ultimativen Tipp: Die Trüffel in mehrere Lagen trockenen, bzw. mit ein paar Spritzern Wasser angefeuchteten Küchenkrepp einschlagen, ein Küchenhandtuch darum und ab ins Gemüsefach unseres Kühlschranks! Schon kurze Zeit später riecht sein ganzer Inhalt und bald auch das ganze Haus nach Trüffel, mmmm, ganz wunderbar, da nehmen wir beim Nachhause-kommen jedes Mal Witterung auf und schnüffeln und atmen die Luft heftig ein und scharren, bis wieder eine herrliche Pasta auf dem Tisch steht. Klaus Wilhelm Gérard trinkt zu seinen Trüffel-Gerichten einen kräftigen Weißwein oder einen jungen, leichten Roten, auch ein sehr junger Rotwein kann manchmal genau das Richtige sein, das lassen wir uns natürlich nicht zweimal sagen, wir probieren, wir kosten, Portwein ist übrigens am Ende die große Entdeckung.

Mein Gott, am nächsten Morgen geht es uns aber keines-wegs gut. Sollen wir einen Arzt konsultieren? Ja, aber wir brauchen nirgendwo anzurufen, denn wir haben ja glück-licherweise Andrew Irvings *Am Morgen danach* zur Hand. Andrew Irving ist Arzt, und er erklärt uns in seinem Büchlein, wie ein Hangover entsteht und was wirklich hilft. Unterzu-ckerung, Dehydrierung, Vitaminmangel – jaja, schon gut, es gibt einige Ausfallerscheinungen des Körpers, was aber nicht bedeutet, dass wir nach einem beruhigenden Schluck Wasser nicht erneut Lust auf dies und das hätten.

In den Südstaaten der USA trinkt man am Morgen danach frischen Apfelsaft mit einem ordentlichen Schuss Bourbon, und der »Baltimore Eggnog« enthält nicht nur das leider un-vermeidliche Ei aus Freilandhaltung, sondern auch Brandy, Madeira und braunen Rum. Mmmm, schmeckt das fein, da kippen wir doch gleich noch einen »Black Velvet« hinterher. Die Idee, Champagner und Guinness zu mischen, kam 1861 anlässlich des Todes von Prince Albert auf, als ein Barmann darüber nachdachte, ob nicht ein schwarzes Getränk an-gebracht sei. Ob schwarz, ob weiß, ob bunt – alles ist interes-sant, wenn zumindest ein kleiner Schuss Alkoholisches drin ist, die hausgemachte Limonade aus Bio-Zitronen, Wasser und Zucker ist dagegen eher etwas für Attila.

»Warum reden alle vom Essen?«, fragt da jemand in einer Nummer des *Tintenfass*, das aber ist natürlich nur eine scheinheilige Frage, denn auf den 400 Seiten des *Magazins für den überforderten Intellektuellen* geht es gleich auf den ersten Seiten zur Sache. »Gebt mir Austern! Gebt mir Austern!«, ruft Anton Tschechow durchs ganze Lokal, das ist das Stichwort, worauf ein von den erlauchtesten Schriftstellerinnen und Schriftstellern komponiertes Menu folgt. Mit »Amuse bouches« geht es los, es folgen die Vorspeisen und der Hauptgang, wir speisen und trinken diesmal aber nicht nur sehr gut, sondern werden zugleich auch noch vorzüglich unterhalten. Daniel Keel zum Beispiel erzählt von legendären Mahlzeiten mit Friedrich Dürrenmatt in der Zürcher *Kronenhalle*, und während der »Plats de résistance« verteidigt George Orwell mit viel Temperament die englische Küche.

Ach, all diese Abendessen mit Tomi Ungerer oder Ingrid Noll, ach, all diese Begegnungen von Ingmar Bergman und Federico Fellini bei Cesarina! Fellini konnte das Essen kaum erwarten, unruhig zappelte er auf seinem Stuhl hin und her und kreiste dann zwischen Küche und Tisch, bis man ihm ein Blatt Papier zum Zeichnen hinlegte. Sofort fing er an zu skizzieren, eine Skizze nach der andern entstand …, ja, genau so war es, und nichts war schöner, als ihm dabei zuzusehen und auf das Traumgericht der Kardinäle zu warten: ein Kapaun mit 300 Gramm schwarzen Trüffeln, drei Knoblauchzehen, zwei Peperoncini – und sonst gar nichts …

*

Bücher-Menu 4

Hanns-Josef Ortheil: *Venedig. Eine Verführung.* München 2006; Hanns-Josef Ortheil: *Rom. Eine Ekstase.* München 2009; Francesca Rigotti: *Philosophie in der Küche. Kleine Kritik der kulinarischen Vernunft.* München 2003; Klaus Trebes: *Wo der Pfeffer wächst. Geschichten und Rezepte um Gewürze und Kräuter.* Frankfurt/M. 2003; Hansjörg Küster: *Kleine Kulturgeschichte der Gewürze. Ein Lexikon von Anis bis Zimt.* München 2003; Ursel Wahrburg: *Anders essen – aber wie? Wege und Irrwege durch den Diätendschungel.* München 2003; Marianne Sägebrecht: *Meine Überlebenssuppen. Geschichten & Rezepte.* Frankfurt/M. 2003; Luise Berg-Ehlers, Gotthard Erler (Hrsg.): *»Ich bin nicht für halbe Portionen.« Essen und Trinken mit Theodor Fontane.* Berlin 2004; Stuart Pigott: *Kleiner genialer Weinführer 2005.* Berlin 2004; Irene Dalichow: *Gesund mit Zimt. Heilwirkung – Anwendung – Rezepte.* München 2004; Barbara Rias-Bucher: *Das kleine Deutschland Kochbuch.* Münster 2004; Cornelia Adam: *Tapas. Spaniens kleine Köstlichkeiten.* Münster 2001; Susanne Bodensteiner: *Asia Kompass.* München 2002; *Das Paul Bocuse Standardkochbuch.* Übersetzt und bearbeitet von Bernd und Isabelle Neuner-Duttenhofer. München 2007; Christiane Nüsslein-Volhard: *Mein Kochbuch.* Frankfurt/M. 2007; Klaus Wilhelm Gérard: *Die Geheimnisse des Trüffelsuchers.* München 2006: Andrew Irving: *Am Morgen danach.* Aus dem Englischen von Astrid Finke. Hamburg 2006; *Tintenfaß* Nr. 30: *Warum reden alle vom Essen?* Zürich 2006

Küchen-Lektüren 2

Stuttgart. Ein großes, hoch gelegenes Gartengelände mit Blick auf die Stadt, nach dem Mittagessen, in der Küche des Gartenhauses ...

Die Besucherin: Es hat sehr gut geschmeckt, vielen Dank!

Ortheil: Das freut mich, aber es war leider nichts Besonderes, sondern nur leichte Sommerkost ... Möchten Sie noch etwas Champagner?

Noch ein letztes Glas, und danach bitte einen starken Kaffee.

Den mache ich sofort.

Lassen Sie sich ruhig etwas Zeit, ich möchte erst noch den Champagner in Ruhe genießen. Und noch eine Bitte: Bleiben wir doch noch eine Weile hier in der Küche, es ist wirklich ein wunderbar lichter und angenehmer Raum, man glaubt beinahe, im Freien zu sitzen.

Das ist der große Vorzug dieser kleinen, tief in die Landschaft gebauten Häuser. Sie igeln sich nicht gegenüber der Umgebung ein, sie ziehen keine Grenzen, sie bleiben stets offen für die Landschaft und lassen deren Atmosphären hinein: Das Licht, die Gerüche, die Klänge. Im Sommer sind hier den ganzen Tag sämtliche Türen und Fenster geöffnet ...

Und Sie sitzen in dieser Küche und lesen, was war es doch gleich noch, Sie lesen Texte und Bücher von lauter Essayisten und Kolumnisten, habe ich recht?

Ja, das stimmt, aber ich sollte das wohl noch ein wenig erklären. Ich lese während des Kochens und auch hinterher, wenn ich nach einer Mahlzeit noch etwas Zeit in der Küche verbringe, nicht gern etwas Erzählendes. Erzählungen und Romane beanspruchen die vollständige Aufmerksamkeit, sie wollen einen hinüberführen in ihre Phantasie-Welten, sie arbeiten mit allen Mitteln daran, einen aus der alltäglichen Umgebung, in der man sich als Leser befindet, herauszuziehen. Erzählungen und Romane erschaffen »zweite Welten«, in denen der Leser dann über einen bestimmten Zeitraum ganz und gar zu Hause ist. Um mich solchen Texten wirklich hinzugeben, benötige ich einen abgeschlossenen, stillen Raum mit sehr bequemen Möbeln, also etwa ein Sofa, auf das ich mich während der Lektüre legen kann, einen kleinen Tisch, auf dem etwas Tee oder Wasser steht, Papier und Stifte zum Notieren …

Ein solcher Raum, in dem ich mich ganz und gar in eine Lektüre versenken kann, ist diese Küche jedoch nicht. Sie steht vielmehr in enger Verbindung zu anderen Räumen, zum Flur, zum Esszimmer, zum Gartenraum draußen. In einem derart offenen und geselligen Raum möchte ich gern von meinen Lektüren so unterhalten werden, dass ich die Lektüren wie ein Gespräch mit geselligen, urbanen Menschen empfinde. Ich möchte mich also nicht aus diesem Raum hinwegträumen, nein, ganz im Gegenteil, ich möchte diesen Raum mit anderen Stimmen füllen, die mir interessante Themen präsentieren.

Und solche Themen präsentieren die Essayisten?

Aber ja! Der Essay ist sogar *die* klassische Form des Gesprächs, des Gesprächs mit anderen oder auch mit sich selbst. Sein Schreiber äußert sich mit all seinen durchaus subjektiven und sehr persönlichen Ansichten über dies und das, dabei will er nicht belehren und kein Thema erschöpfend behandeln. Er will unterhalten, seine Meinungen spazieren führen, genau darin, in der Fähigkeit, mit eigenen Ideen und Formulierungen zu glänzen und zu überraschen, besteht die große Kunst des Essays, die ja bekanntlich auf einen Franzosen, auf Michel de Montaigne, zurückgeht.

Vielleicht ist der Essay sogar insgesamt eine genuin französische Kunstform, oder was meinen Sie?

Ich habe vor Kurzem noch einmal den alten Witz gehört, der von einem Deutschen, einem Engländer und einem Franzosen erzählt, die die Aufgabe erhalten, eine Abhandlung über das Kamel zu schreiben. Der Deutsche geht in eine Bibliothek, forscht dort zwei Jahre und veröffentlicht nach weiteren drei Jahren eine zweibändige Schrift: *Das Kamel in Geschichte und Gegenwart.* Der Engländer macht sich auf den Weg in die Wüste, beobachtet einige Wochen das Leben der Kamele, fährt wieder heim und schreibt dann eine hundertseitige Abhandlung mit dem Titel *Das Leben der Kamele, aus eigener Anschauung erklärt und gedeutet.* Der Franzose aber eilt in ein Caféhaus und verlässt es wenig später nach der Niederschrift eines geistreichen, zwanzigseitigen Essays mit dem Titel *Kamele. Von der Kunst, das absolut Fremde zu reiten.*

Ja, sehr schön ..., der Essay ist eine vor allem in Frankreich entwickelte Form der Unterhaltung mit sich selbst, könnte man es so sagen?

Ja, genau das bringt der Witz zum Ausdruck: Der Franzose eilt nicht zu den Büchern oder den Gegenständen, um sein Denken damit zu füttern, er denkt zunächst einmal selber nach, er bleibt bei sich selbst. Genau darauf hat bereits Montaigne hingewiesen: Ich lese nicht, um mich mit den Ideen und Gedanken anderer Leute zu mästen, nein, ich lese, um mein eigenes Denken anzuregen, um es in Fahrt und in Schwung zu bringen.

Dieser essayistische Umgang mit Lektüren durchzieht die gesamte französische Geistesgeschichte seit Montaigne, noch Roland Barthes, einer der großen Essayisten des zwanzigsten Jahrhunderts, ja vielleicht sogar der größte Essayist der Moderne überhaupt, hat das Lesen nicht als eine Kunst des Verstehen-Wollens beschrieben, sondern eher von den »Lockerheiten des Lesens« gesprochen, vom Aufschauen also, vom Sich-Umblicken, von der Abweichung vom vorgeschriebenen Lese-Trampelpfad und von der Erfindung eigener Wege und Pfade. In Deutschland ist die Kunst des Lesens dagegen vor allem eine Kunst des Verstehens, ein Nachvollzug dessen, was der Autor geschrieben hat: Was genau hat er gesagt? Was will er uns sagen?

Lassen Sie uns später noch einmal genauer über diesen wichtigen Aspekt sprechen, vorerst möchte ich bei den Essayisten und Kolumnisten und damit bei Ihren Küchen-Lektüren verweilen ... Nennen Sie doch einige Beispiele ...

Einige Beispiele zum Kaffee, einverstanden?

Sehr einverstanden!

*

Ich liebe zum Beispiel sehr die Essays von John Updike ...,
die vor allem im *New Yorker* und in *The New York Review
of Books* erschienen sind. Es handelt sich um Auftragsar-
beiten, die sich mit Gott und der Welt beschäftigen, mit der
Lage der amerikanischen Nation im März 1992 ebenso wie
mit den fünfziger Jahren, mit Filmen, Fotos und Bildern,
mit Biographien und anderen Lektüren. Was dabei heraus-
kommen könnte, wäre im schlimmsten Fall ein langweiliges
Sammelsurium lustlos absolvierter Brotarbeiten. Doch wer
so etwas vermutet, kennt John Updike schlecht.

Er ist ein Souverän, in jedem Sinne, ein meisterlicher Autor, dem es sogar gelingt, aus der strohtrockensten Themen-
stellung noch etwas Glanzvoll-Unterhaltendes zu machen.
Dabei hat er im Grunde gar keinen »essayistischen Stil«,
sondern höchstens so etwas wie eine profane Neugierde, die
nur hier und da den Harvard- und späteren Kunst-Studenten
aufblitzen lässt.

Das Schöne und Intime seines Schreibens stellt sich aber
dadurch her, dass er noch mit der unverbrauchten Begeisterung des jungen Mannes spricht. Es gibt keine Trägheit,
keine Ermüdung, keine Resignation, sondern vor allem eine
nie erlöschende, noch von den unscheinbarsten Dingen an-
gestachelte Lust auf die Welt.

Mit dieser hingebungsvollen Lust widmet sich Updike
seinen Objekten, als wären sie für die kurze Wegstrecke eines
Essays das Einzige, was noch zählt. Nichts wird beiläufig
abgetan, nirgends gibt es eine Spur von überheblich ausge-
stelltem Wissen, stattdessen beugt sich vor den Augen des
Lesers ein beinahe siebzigjähriger und mit dem Leben letztlich sehr einverstandener Mann so über seine Schulaufgaben,
als müsste er sich noch heute bei seiner Mutter mit ein paar
guten Noten bedanken.

So dachte ich, als ich irgendwann wahrhaftig auf ein Foto

des neunjährigen, natürlich lesenden Updike stieß, das ausgerechnet seine Mutter 1941 mit einer alten Kodak-Kamera
gemacht hatte. *Ein junger Büchernarr* sind die vier Seiten
überschrieben, und auf diesen vier Seiten, verspreche ich,
wird man die ganze Geschichte John Updikes erkennen, bis
ins letzte psychologische Detail, und doch wird nur die Rede
sein von Küchen, Besen und Stühlen und von der seitlichen
Veranda eines Hauses Nummer 117 irgendwo in Pennsyl-
vania ...

Updike also ...

Ja, unbedingt ..., und lesen Sie auch Essays von Tim Parks,
zum Beispiel solche in dem Essay-Band *Ehebruch und andere
Zerstreuungen*. Parks widmet sich scheinbar trockenen Themen wie »Treue«, »Ruhm« oder »Schicksal«, legt dann aber
sofort mit irgendeiner kleinen Erzählung los: Wie ich einmal
versuchte, das Kinderzimmer meiner Töchter aufzuräumen
und das Aufräumen zu Beobachtungen über die Aufmerk-
samkeitsspannen von Kindern führte ... Wie Verona an einem Sonntag im Oktober 1996 sein erstes Heimspiel gegen
Bologna verlor und das mich dazu brachte, die Arbeitsweise
meines Gedächtnisses zu erforschen ...
»Stil ist die Verwandlung, die ein Gedanke der Realität
auferlegt«, zitiert Tim Parks Marcel Proust, und genau solche
Verwandlungen erlebt man in seinen Essays. Sie betreiben
kein akademisches Begriffsgestrampel, sondern trauen sich
was. Und genau dadurch animieren sie den Leser ...

*Gut, ich werde mich von Updike und Parks gerne unterhal-
ten lassen. Aber was ist mit den Kolumnisten, was hat es
damit auf sich?*

Der Essay ist in Deutschland eigentlich nie heimisch geworden, deutsche Essays hatten und haben meist noch immer etwas von der gelehrten Abhandlung oder vom Traktat, sie wirken gehemmt, unelegant, sie regen nicht an, sondern rütteln höchstens hier und da vorsichtig an den Begriffen. Oft fehlt es ihnen einfach an Tollheit, an Temperament, oder es fehlt daran, dass der Schreiber nicht eindeutig und klar genug von seinen Passionen erzählt.

Statt im Essay brillieren deutsche Autoren in den letzten Jahren aber in einer anderen literarischen Form, die dem Essay sehr nahe ist: der Kolumne. Max Goldt ist der Meister und so etwas wie der Vater dieses neuen Tons, es gibt aber noch viele weitere große Könner in diesem Fach.

Dann lassen Sie mich doch auch davon noch Genaueres hören …

Gern, ich beginne mit einigen Seiten aus dem Lektüre-Tagebuch des letzten Sommers:

*

Hans Zippert veröffentlicht jeden Tag eine kurze Kolumne auf der ersten Seite der *Welt*. In dem Band *So funktioniert Deutschland* hat er nun aber auch einige längere Texte gesammelt, in denen er Deutschland als Ganzes und rundum betrachtet. Zippert konzentriert sich also auf ein einziges Thema, das er in virtuosen Anläufen aus den verschiedensten Richtungen angeht, wie immer bei Zippert geht es um Grundsätzliches, also zum Beispiel darum, wie Deutschland entstand, wie es regiert wird, wie es akustisch aussieht oder wie man sich in ihm bewegt.

Auch wie ein Deutscher entsteht, wie er ent- und versorgt wird, wird hier ein für allemal auf den Punkt gebracht und geklärt, Zippert bezeichnet sein grundlegendes Werk im Untertitel sehr richtig als »Handbuch«, man erfährt hier also alles, was man wissen muss, um Deutschland lückenlos zu verstehen, selbst die geographischen Gegebenheiten werden endlich einmal eindeutig benannt: »Am Ende des 16. Jahrhunderts sollte Deutschland im Pazifik verankert werden. Aber der Staat war nicht wasserdicht und versank spurlos. Seitdem hat Deutschland ein Überlaufventil. Sollte das Land zu viel Wasser aufnehmen, kann alles bei Fedderwardersiel ablaufen ...«

Porträtiert Zippert das große Ganze, so widmet sich Harald Martenstein all dem, was das große Ganze mit uns anrichtet, *Vom Leben gezeichnet* ist daher ein schonungslos offenes Selbstporträt in der naheliegenden Form des *Tagebuchs eines Endverbrauchers*. Natürlich steht der Alkohol in einem solchen Problem-Tagebuch an erster Stelle, gefolgt von der Altersversorgung, Gewichtsproblemen und den Automobilclubs. Erschüttert bemerkt man als Leser, dass Martenstein kein Erbarmen kennt, er setzt sich aus, er wagt und riskiert alles, manche ersten Sätze seiner messerscharfen Untersuchungen sind Bilder, wie man sie in dieser Deutlichkeit noch selten gelesen hat: »Als ich fünfundzwanzig wurde, es war ein herrlicher Spätsommertag, stellte ich mich nackt vor den Spiegel ...«

Würde ich, frage ich da, auch so etwas wagen? Habe ich mich je nackt vor den Spiegel gestellt und dann auch noch darüber geschrieben? Nein, ich springe an diesen herrlichen Sommertagen höchstens nackt in den Pool, was aber niemand bemerkt, da unser Pool von prächtig gedeihenden Bananenstauden gnädig verdeckt wird. Aale ich mich im Wasser, kommen die Kinder vorbei und quälen mich mit ihren Wasser-Jo-Jos, zum Glück habe ich aber Harald Schmidt gelesen, der einen in seinen minimalistischen Kolumnen mit

Wasser-Jo-Jos vertraut gemacht hat und einem auch den genau passenden Vergleich dafür präsentiert, wie sich Wasser-Jo-Jos anfühlen: »In hellen Mondnächten fasse ich manchmal im Garten Igelweibchen an die Brüste. Daher weiß ich, wie es sich anfühlt.«

Generationen von Lyrikern haben sich bei der Suche nach den großen Vergleichen und Metaphern gequält, Harald Schmidt aber meistert solche Schwerst-Hürden in *Avenue Montaigne & Quadrupelfuge* ganz locker, darüber hinaus haben seine Textpillen ein geradezu aberwitziges Tempo, manchmal überschlägt der Witz sich sogar in den Kurven, oder er überrascht uns mit Fragen, die unsere Ahnungslosigkeit gnadenlos demaskieren: »Ist mir da etwas entgangen, oder hat die Lammfelljacke ein Comeback erlebt?«

Zippert, Martenstein, Schmidt – das sind drei der besten Kolumnisten der Stunde, vor zwanzig Jahren hatten wir solche Sprach-Diamanten noch nicht, und vor vierzig Jahren gab es nur Erich Kästner, dessen Gedichte ja ebenfalls nichts anderes sind als kurze, gescheite Kolumnen, mit aktuellem Thema, klassischer Abhandlung und pointiertem Schluss. *Ganz besonders feine Damen*, *Tagebuch eines Herzkranken*, *Notwendige Antwort auf überflüssige Fragen* – das waren die Themen und Überschriften, mit denen er unseren heutigen Großmeistern vorgearbeitet hat. Ach, wie gut es doch tut, auch bei Gedichten einmal zu lachen, Zeile für Zeile als kleinen Kick zu empfinden, ohne jedwede Qual oder Wichtigtuerei, ohne jedwede Inter-pre-ta-tion: »Er saß in der großen Stadt Berlin / an einem kleinen Tisch. / Die Stadt war groß, auch ohne ihn. / Er war nicht nötig, wie es schien. / Und rund um ihn war Plüsch ...«

*

Noch einen Kaffee?

Nein danke, aber ein Glas Wasser würde ich jetzt gerne trinken und noch mehr hören, noch mehr von Ihren essayistischen Kolumnisten ...

*

Diesmal gehe ich meine Lektüren ganz locker an, das kommt daher, weil ich in dieser Woche viel Harry Rowohlt gelesen habe, genauer gesagt habe ich die Gespräche gelesen, die er mit Ralf Sotscheck in Ballyvaughan an der irischen Westküste geführt hat. Acht Tonbänder haben die beiden vollgesprochen, und dann wurden sie transskribiert und korrigiert, Ralf Sotscheck hat Harry Rowohlt nach seinem Leben von der Kindheit bis heute befragt, und Harry Rowohlt ist zu jeder Frage blitzschnell eine Anekdote eingefallen.

Dabei fragt Sotscheck keineswegs ausführlich oder gar detailliert, er räuspert sich eher und sagt dann so Sachen wie »In Ellwangen gibt es eine irische Kneipe« oder »Insofern ist Leverkusen doch aus dem Schneider«, diese kurzen Einwürfe machen Harry Rowohlt aber erst recht richtig an, weil sie höchste Anforderungen stellen, Anekdoten aus dem Stand aus der Hüfte zu zaubern. Ellwangen? Kein Problem, natürlich gibt es da eine irische Kneipe, Rowohlt weiß sogar, was auf dem Firmenschild steht, Leverkusen?, kein Problem, da gab es doch diese schlimme Lesung zur Eröffnung des Wintersemesters der Volkshochschule.

Mit der Zeit bekommt man richtig Lust, auch das eigene Leben einmal anekdotisch anzugehen, all diese Versuche führen aber letztlich nur dazu, dass man plötzlich wieder beginnt, Gauloises zu rauchen und einmal kurz durchzutesten, zu welchem Alkoholkonsum man noch immer fähig ist, die Rekorde in diesen Suchtversuchen macht Rowohlt einem ja nebenbei spielend vor. Leider scheitert man aber auch auf diesem Gebiet und greift deshalb lieber nach einem Buch, das einem die herrlich gelöste und unverkrampfte Lektüre-Gestimmtheit weiter erhält, so gerät man an keinen geringeren als Max Goldt.

Ein Leben auf der Flucht vor der Koralle heißt das Buch mit Goldt-Texten, auf dessen Rückseite man darüber aufgeklärt wird, dass es sich diesmal nicht um »Kolumnen«, sondern um »Prosa, Dialoge und Szenen« überwiegend aus der ersten Hälfte der neunziger Jahre handelt. Wer nun vermutet, man habe es mit lauter abgestandenen und überholten Sachen zu tun, liegt falsch, nichts ist überholt oder gar abgestanden, die helgoländischen Kirschenköniginnen, die ja regelmäßig Kathrin Schäfer heißen, 18 Jahre jung, unternehmungslustig, aber häuslich sind, geben noch immer ihre fassungslos machenden Interviews, und mehr denn je versammeln sich im deutschsprachigen Teil Belgiens zischelnde Mädchen in Schulen, so dass Max Goldt seine wunderbare Szene mit dem Titel *Zischelnde Mädchen im deutschsprachigen Teil Belgiens* auch heutzutage hätte schreiben können.

Goldts Texte sind eine ideale Fortsetzung von Harry Rowohlts Anekdoten-Zauber, es gibt noch Bücher, die es schaffen, einem eine staubtrockene ICE-Fahrt von sagen wir Stuttgart nach Kassel so blendend ins Komik-Genre hinüberzutransponieren, dass man in Stuttgart-Zuffenhausen in gute Laune gerät, kurz nach Mannheim mit der Zugführerin ein Weizenbier trinkt und in der Nähe von Fulda den gesamten Großraumwagen mit einer Lesung aus Goldt-Texten unterhält.

Ganz ideal wäre es dann, das ebenfalls als Taschenbuch erschienene Opus magnum von Gerhard Polt (*Circus Maximus*, über achthundert Seiten, mit einem Stichwortregister von »Aar, Der« bis »zuständige Mann, Der«) aus der Tasche zu ziehen, denn Polt, sagt Harry Rowohlt, ist ein Gigant, demgegenüber er, Harry Rowohlt, »B-Jugend Kreisklasse« sei. »Na, na, na«, wirft da Ralf Sotscheck in seiner schon bekannten Einwurf-Manier ein, Rowohlt beweist aber gleich, wie virtuos auch Polt reagiert, schließlich hat der bei einem gemeinsamen Göttinger Frühstück schon in der frühsten Morgenstunde einmal gesagt: »Kalt is draus, des miasma ausnützen, bleima herinn.«

Rowohlt-Goldt-Polt ..., nach dieser Gigantentrias sollte bis Kassel dann auch mal der Nachwuchs ran, ich versuchte es mit Alex Capus, der mir in *Eigermönchjungfrau* neunzehn Erzählungen präsentierte, die, siehe da, endlich einmal nicht von der üblichen Art kreuzsteifer Nachwuchsprosa mit immensem Problembewusstsein waren, sondern eher hingeplaudert erschienen und so Goldt-verdächtige Titel hatten wie *Etwas sehr, sehr Schönes* oder *Wollene Unterhosen* oder *Das geht dich einen Dreck an.*

Capus (Jahrgang 1961) hat Geschichte und Philosophie in Basel studiert, dann aber als Journalist bei verschiedenen Schweizer Tageszeitungen und vier Jahre als Inland-Redakteur bei einer Schweizerischen Depeschenagentur gearbeitet – das sind ideale Voraussetzungen, um neben Klugheit auch solche Tugenden wie Schnelligkeit und Ironiebewusstsein zu beweisen. »Meist sind es Geschichten, die sozusagen auf der Straße liegen, die das Leben lebenswert machen«, meint der Verlag, worauf ich jedoch mit Ralf Sotscheck repliziere und nur noch sage: »Na, na, na ...«

*

Das soll genug sein ...

Wunderbar, jetzt weiß ich, was ich das nächste Mal lese, wenn ich allein in der Küche sitze und auf das Garwerden des Bratens warte.

Ja, nicht wahr? Solche Essays und Kolumnen lassen einen nicht träumen, sie machen vielmehr gerade umgekehrt hellwach, sie versetzen den Raum um einen herum in Bewegung, sie halten Kontakt …

Schön, dann beenden wir mit diesen quicklebendigen Sachen doch unser heutiges Gespräch über das Lesen, es ist ja auch bereits später Nachmittag.

Ach bitte, zu einem kurzen, letzten Gang möchte ich Sie noch einladen, zu einer all diese Stunden abschließenden Tee-Sitzung, unten, in einem etwas tiefer gelegenen Weinberghäuschen …

Sagten Sie »Weinberghäuschen«?

Ja, genau, Tee im Weinberghäuschen und dazu die asiatischen Welten, machen Sie sich auf etwas durchaus Wunderbares gefasst …

Bücher-Menu 5

Christian Schärf: *Geschichte des Essays*. Göttingen 1999; Michel de Montaigne: *Essais*. Drei Bände. Übersetzt von Hans Stilett. München 2000; Roland Barthes: *Das Rauschen der Sprache*. Aus dem Französischen von Dieter Hornig. Frankfurt/M. 2006; John Updike: *Wenn ich schon gefragt werde. Essays*. Deutsch von Susanne Höbel. Reinbek 2001; Tim Parks: *Ehebruch und andere Zerstreuungen*. München 2001; Hans Zippert: *So funktioniert Deutschland. Ein Handbuch*. München 2006; Harald Martenstein: *Vom Leben gezeichnet. Tagebuch eines Endverbrauchers*. München 2008; Harald Schmidt: *Avenue Montaigne & Quadrupelfuge*. Köln 2006; Erich Kästner: *Ein*

Dichter gibt Auskunft. 121 Gedichte. München 2006; *In Schlucken-zwei-Spechte. Harry Rowohlt erzählt Ralf Sotscheck sein Leben von der Wiege bis zur Biege.* München 2005; Max Goldt: *Ein Leben auf der Flucht vor der Koralle.* Reinbek 2004; Gerhard Polt: *Circus Maximus. Das Gesammelte Werk.* Frankfurt/M. 2006; Alex Capus: *Eigermönchjungfrau.* München 2004

Tee-Lektüren im Weinberghäuschen

Stuttgart. Ein großes, hoch gelegenes Gartengelände mit Blick auf die Stadt, am Nachmittag, in einem Weinberghäuschen …

Ortheil: All diese Gärten und Obstbaumwiesen waren früher ein Weinberggelände. Aus diesen Zeiten sind noch einige alte Weinberghäuschen stehen geblieben, dieses hier ist eines davon. Die kleinen Steinbauten sind winzig, sie dienten als Unterstand bei schlechtem Wetter oder als Raum für eine nahrhafte Vesper während der harten Arbeit …

Die Besucherin: Wir passen zu zweit gerade noch hinein …

Ja, aber meist bin ich hier drinnen allein. Sie sehen, es gibt einen sehr kleinen Tisch, hier vor dem Fenster, und zwei spartanische Stühle. Keinerlei Schmuck, keinerlei Dekoration, es ist ein strenger, klarer Raum mit einem ausgesprochen schönen Blick in das Tal.

Und es gibt eine kleine Bibliothek …

Ja, es gibt eine kleine Handbibliothek mit lauter Lieblingstiteln vor allem alter asiatischer Literatur. Diese Literatur liebe ich ganz besonders, vieles von dem, was ich da lese, ist mir, wie man so sagt, »aus der Seele gesprochen«, ich weiß nicht, woher das kommt, ich kenne die Ursachen dieser starken Anziehung nicht, ich kann nur vermuten. Aber es gibt sie, diese Anziehung, seit über zwei Jahrzehnten lese ich zu bestimmten Zeiten gerne solche älteren japanischen und chinesischen Texte. Ich setze mich in diesen geschlossenen, geschützten Raum, der keinerlei Ablenkung erlaubt, ich schaue ins Tal, ich mache mir einen Tee, ich schaue und schaue, es ist ein vor allem meditativer Vorgang. Allmählich werde ich zu einer Figur auf einem alten japanischen oder chinesischen Gemälde: *Der Leser Han-Jo in seiner Bambushütte …*

Und was lesen Sie?

Alles begann mit zwei Ur-Texten, mit dem *Kopfkissenbuch der Hofdame Sei Shonagon* und Bashôs Reisetagebuch *Auf schmalen Pfaden durchs Hinterland …* Bevor wir darüber aber im Einzelnen sprechen, koche ich uns den versprochenen Tee. Sie sehen, es ist alles da: Ein Wasserkocher, eine Teekanne, kleine Tassen und ein chinesischer Tee der Sorte *Lu Ching*, den angeblich bereits die chinesischen Kaiser tranken und der noch heute in China sehr gerne getrunken wird. Er ist etwas süßlich und schmeckt fruchtig und leicht, daher passt er ganz ausgezeichnet in genau diese Umgebung …

Schreiben Sie hier auch, ist das vielleicht auch ein Raum für ganz besondere Texte?

Ja, ich schreibe hier auch, das heißt, ich notiere hier eher, ich notiere ganz in der Haltung und Art der Texte, von denen gleich die Rede sein wird. Sie wissen ja bereits, dass ich einen Notier- und Aufzeichnungstick habe, in diesem Raum betätigt er sich eben in der Manier der asiatischen Meister.

Ich habe aber noch nie solche Texte von Ihnen gelesen.

Nein, das nicht, ich habe solche Texte bisher noch nicht veröffentlicht. Vielleicht werde ich es irgendwann einmal tun,
ich weiß es nicht, ich habe darüber noch nicht länger nachgedacht, momentan sind sie einfach das Ergebnis einer sehr
spezifischen Schreiblust, die ich nicht durch Überlegungen
zum Thema Veröffentlichen belasten möchte.

So, jetzt kann ich den Tee zubereiten, das Wasser darf
nämlich nicht kochen, es sollte nicht heißer sein als etwa
siebzig Grad, ich gieße es jetzt über die Teeblätter und lasse
sie höchstens zwei Minuten ziehen.

*Sind Sie je in Asien gewesen? Sind Sie dort auf diese alten
Texte gestoßen?*

Nein, ich bin nie in Asien gewesen, ich hebe mir Reisen nach
Asien noch etwas auf. Eigentlich bin ich durch einen puren
Zufall auf diese Texte gestoßen, eine Leserin meiner Bücher
hat mir vor vielen Jahren das *Kopfkissenbuch* geschenkt,
einfach so, weil sie vermutete, ich könne daran Gefallen finden. Ich schlug das schmale Bändchen auf und blieb sofort
hängen, hier, an einer solchen Stelle:

»Was vornehm ist

Schnee auf Pflaumenblüten.
Glyzinienblüten.
Ein bildschönes Kind, das Erdbeeren isst.
Eine weiße Jacke auf hellvioletter Weste.
Entenkücken.
Ein Rosenkranz aus Bergkristall.«

Im *Kopfkissenbuch* gibt es viele solcher Passagen, es sind
kurze Meditationen über ein vorgegebenes Thema, in diesem

Fall also darüber, was vornehm ist. Einige Momente daran haben mich vom ersten Lesen an beeindruckt: Dass es sich um einzelne, konkrete Bilder handelt ..., dass diese Bilder nicht durch leicht erkennbare Assoziationen miteinander verbunden sind, sondern etwas Singuläres und dadurch Kostbares behalten ..., dass sie nicht ausgemalt oder überprägnant beschrieben werden, sondern das bildliche Denken des Lesers nur antippen und es mit großer Vorsicht in Szene setzen ..., dass sie den Leser insgeheim auffordern, die kleine Liste um eigene Bilder zu ergänzen.

Als Leser betritt man in diesem Fall also einen völlig ungewohnten, luftigen und freien Raum, in dem sich eine Galerie von Bildern befindet, von denen jedes einzelne eine Weile vor dem inneren Auge stehen bleibt, bis es durch das folgende Bild überblendet wird. Dadurch werde ich gehalten, langsam zu lesen, ja, ich werde gehalten, jedes einzelne Bild in mir ankommen zu lassen, es muss sich setzen ..., könnte man sagen, es muss zur Ruhe kommen, dann kann ich einige Zeit bei diesem Bild verweilen, bis es langsam wieder erlischt.

Die Überraschung, die ich erlebte, war also ein anderes Sehen und Wahrnehmen von Texten, eine Geburt von einzelnen Bildern, die nicht von vornherein in bestimmte Zusammenhänge eingepasst waren, sondern höchstens etwas Gemeinsames, Fernes berührten.

Besteht das gesamte »Kopfkissenbuch« aus solchen Meditationen?

Es besteht aus vielerlei kurzen Texten und Aufzeichnungen, die die Verfasserin wohl zunächst für sich selbst notiert hat. Dabei geben die Notate auf sehr spontane und frische Weise wieder, was der Verfasserin gerade durch den Kopf ging. Meist sind es Meditationen in der Art von *Was vornehm ist*, es können aber auch kurze Geschichten darunter sein, von denen viele einen Einblick in das Leben am japanischen Kaiserhof etwa um 1000 n. Chr. gewähren, in dieser Zeit ist dieses Buch nämlich anscheinend entstanden.

Doch darauf, auf diese Einblicke in eine uns völlig fremde, exotische Welt also, kam es mir eigentlich nicht an, mich faszinierte eher die besondere Praxis dieses sehr asiatischen Sehens und Schreibens: Das Vergnügen am einzelnen Bild oder Ausschnitt, die Versenkung in eine meditative Folge von Bildern, die hoch ästhetische Weise, in der hier der schreibende Pinsel dem Schauen folgt, ihm nachgeht und es fixiert. Man spürt förmlich diese langsame, kontinuierliche, das Sehen und das Schreiben miteinander verbindende Bewegung, die der Leser dann wiederum rückübersetzen muss in eine Bewegung, die das Lesen und Sehen miteinander verbindet. Das alles hat ein stark spirituelles Moment, wie ich es bis zu meiner damaligen Lektüre nur von Gebetspraktiken in der katholischen Kirche her kannte.

Sie haben vorhin noch einen zweiten japanischen Text erwähnt, ein Reisetagebuch …

Ja, das Reisetagebuch des japanischen Dichters Matsuo Bashô (1644–1694) *Auf schmalen Pfaden durchs Hinterland* war meine zweite Initiation in die altasiatische Literatur. Bashô ist einer der großen Klassiker Japans, sein Reisetagebuch ist ein kanonischer Text, der ganze Schulen von jüngeren Dichtern inspiriert hat und noch heute sehr verehrt wird.

Ich kann kaum angemessen zum Ausdruck bringen, wie sehr ich auch dieses Reisetagebuch schätze, ich lese immer wieder darin, und manchmal denke ich, ich sollte mich wie Bashô endlich auf den Weg einer weiten Wanderschaft machen, das allein wäre die Lösung für alle Fragen des Lebens.

Im Falle Bashôs dauerte die Wanderung über fünf Monate, sie fand im Jahr 1689 statt und erstreckte sich über 2400 Kilometer im Norden Japans. Wenn ich »Wanderung« sage, erweckt das im Deutschen Assoziationen an gesellige Spaziergänge im Herbst mit anschließendem Einkehren in eine Weinstube. Im Japanischen hat jedoch »Wanderung« eine ganz andere Bedeutung, es ist ein spiritueller Gang zu Fuß, ein Gang, der auf eine unglaublich konzentrierte und emphatische Art die jeweilige Umgebung der Landschaft mit einbezieht.

Bashô macht hier und da länger halt, dann widmet er sich einem unscheinbaren Detail, er versenkt sich in die Schönheit eines Ortes oder Raumes, er schreibt ein Gedicht auf diesen Raum, ja, er macht, könnte man sagen, »Station«. Eine »Station« ist eine Art Einkehr, ein Innewerden der Natur, ein starker Eindruck, der in einem eher hingeflüsterten Gedicht (Haiku) festgehalten wird.

Voller Respekt erinnert Bashô sich dabei auch an andere Dichter, die bereits ähnliche Wege gegangen sind, so etwa an den Dichter Saigyô. Als ich diese Stelle des Tagebuchs las, dachte ich zunächst, Bashô habe Saigyô noch gekannt oder Freunde hätten ihm von Saigyô erzählt, dann aber belehrte mich ein Kommentar, dass Saigyô sage und schreibe fünfhundert Jahre früher gelebt hatte. Die große historische Distanz kam an der Textstelle jedoch nirgends zum Ausdruck, viel eher erweckte sie den Eindruck, als habe Bashô mit diesem von ihm genannten Dichter noch irgendeine Form von Kontakt. In gewissem Sinn war das wohl auch so: Es gab nicht so etwas wie eine historische Distanz, Bashô und Saigyô waren gleichsam auf ein und demselben Weg.

Ich möchte die Stelle kurz vorlesen:

»Ja, und dann jene berühmte Weide des Dichters Saigyô –
›... die am Bach mit klarem Wasser stand!‹ Sie soll in der

Nähe des Dorfes Ashino an einem Rain zwischen Reisfeldern immer noch zu sehen sein! Der Domänenverwalter dieses Bezirks, ein gewisser Kobu, gab mir schon des Öfteren zu verstehen, dass er sie mir zeigen wolle. Auch ich hatte mich oft schon gefragt, wo sie wohl gestanden haben mag. Endlich war es mir heute vergönnt, in den Schatten ›jener Weide‹ zu treten:

Erst als es ganz
Bepflanzt war, das Reisfeld,
verließ ich ›jene‹ Weide …«

Was passiert hier? Bashô nähert sich einem Raum, den schon der Dichter Saigyô aufgesucht und mit einem Gedicht geehrt hat. In diesem Gedicht war von einem Bach am Wegrand und von einer bestimmten Weide die Rede … – Bashô sucht und findet dieses Bild wieder und stellt sich damit hinein in diesen sehr alten Bildzusammenhang, er erweist ihm seinen Respekt. Anstatt nun aber das alte Bild noch einmal aufzugreifen, spricht er von etwas ganz anderem, nämlich von einem Reisfeld, das gerade bepflanzt wird. Was ist da los?

Man muss es sich so vorstellen: Bashô nimmt an dem durchaus kultischen Ort unter der Weide Saigyôs Platz, von hier aus beobachtet er nun die Arbeit der Reispflanzerinnen, und zwar so lange, bis das Feld endlich ganz bepflanzt ist. Er verweilt also mehrere Stunden, er will ganz aufgehen in diesem Bild, er kann sich kaum von ihm lösen. Davon jedoch spricht er mit keinem Wort, er sagt nicht: ich konnte mich nicht von der Weide lösen, das Bild war zu schön und zu stark …, nein, er macht vielmehr mit einer kurzen, sich völlig zurücknehmenden Anmerkung deutlich, dass er sehr lange an diesem Ort gesessen hat, weil ihn dieser Ort sehr berührte.

Dieses Beispiel zeigt, glaube ich, sehr genau, worin das Besondere dieser Literatur besteht: In einer völlig unprätentiösen Annäherung an Natur, Landschaft und Geschichte, in einer spirituellen Würde, die für uns hier im Westen etwas unglaublich Bescheidenes und Verhaltenes hat. Der Hintergrund dieses Dichtens ist natürlich ein religiöser, Bashôs Dichten ist vom Zen-Buddhismus und vom Taoismus geprägt, man kann anhand des Beispiels, das ich vorgelesen habe, erahnen, was das konkret bedeutet.

Genau von solchen kleinen Momenten der Weltaneignung war ich nun seit meiner ersten Lektüre sehr beeindruckt, ich hatte eine tiefe, innere Nähe dazu, ohne mir einzubilden, dass ich von Zen-Buddhismus und philosophischem Taoismus besonders viel verstünde oder ihn mir gar selbst aneignen könnte. Nein, das tat und tue ich gewiss nicht, obwohl ich über diese Themen inzwischen sehr viel gelesen habe. Ich bin aber weder Buddhist noch Taoist, ich bin ein Katholik aus dem Rheinland, zwischen den religiösen Komponenten der altasiatischen Dichtung und dem, was ich glaube, gibt es kaum Übereinstimmungen.

Die religiösen Momente dieser Dichtung waren es schließlich ja auch nicht, die sich mir bei der Lektüre dieser Texte aufdrängten, mich hat vielmehr eine bestimmte Poetizität sehr beeindruckt: Das Verschweigen des eigentlich Bedeutsamen, die Gestik der Erstarrung, das Zu-einem-Stück-Natur-Werden, dieser rituelle Rückzug ins Stummsein ... Von solchen Momenten ist Bashôs Tagebuch voll, immer wieder stößt man darauf: Ich trank einen Tee, heißt es dann, etwas Reisschnaps wurde heiß gemacht, dann ließ ich die Stille der Abenddämmerung auf mich wirken ...

Bashô war übrigens keineswegs immer allein unterwegs, während bestimmter Strecken gesellten sich Freunde und Schüler dazu und begleiteten ihn. Viele dieser Schüler sollen ihn auch später in seiner berühmten Hütte mit der Bananen-staude aufgesucht und nach seinem Tod eine Art von Gruppe gebildet haben, die das Gedächtnis des Meisters hochhielt. Und hundert Jahre nach Bashô machte sich der Dichter Buson erneut auf jahrelange Wanderschaft und schrieb Ge-dichte, die schließlich wiederum eine Art spiritueller »Wan-derkarte«, eine Karte der »Dichterlandschaften«, bildeten.

Gibt es diese Art des Dichtens in Japan bis heute?

Aber ja, ich habe gerade in den letzten Tagen wiederum einen sehr schönen Fund gemacht, dabei handelt es sich erneut um einen Klassiker der japanischen Literatur, hier aber um einen Klassiker der Moderne. Tokutomi Roka lebte von 1868 bis 1927, im Jahre 1900 erschien von ihm eine Sammlung von täglichen Aufzeichnungen, die er in dem Seebad Zushi, fünf-zig Kilometer südwestlich von Tokyo, gemacht hat.

Ich lese Ihnen zum Abschluss unseres heutigen Gesprächs Rokas Aufzeichnung vom 7. Juni vor, sie führt uns direkt in den Abend …

Aber trinken wir vorher noch gemeinsam von dem guten Lu-Ching-Tee …, und lassen Sie uns nach meinem Vorle-sen doch ein paar Minuten schweigend ins Stuttgarter Tal schauen …

Sehen Sie, es dunkelt bereits, was für ein schöner Ausklang unseres Gesprächs:

»Besonders still ist es zur Zeit der Abenddämmerung auf dem Lande, wenn der Weizenschnitt beendet ist. Nach einem Spaziergang zum Jimmu-Tempel kehre ich am Abend ganz allein für mich auf den Wegen zwischen den Reisfeldern zurück. Die Sonne geht, in dunkle Wolken eingehüllt, unter. Auch der Abendschein, in einer Wolkenlücke mit einem Pinselstrich zinnoberrot angefärbt, ist geschwunden. Auf den Feldern hier und dort, in den Dörfern, an den Flanken der Berge steigt unablässig Rauch von Feuern auf, in denen man das Weizenstroh verbrennt. Hoch wirbelt er auf und breitet sich aus; am Ende sind Berge und Dörfer dunstverhangen. Still stehe ich da und betrachte die Szenerie: Im Schatten der Abendwolken und der Abendberge quillt über der Fläche der wasserdunklen Reisfelder etwas Weißes hervor, breitet sich zusehends von Feld zu Feld aus: Die Spiegelung vom Rauch der Strohfeuer überquert die Reisfelder. Auf ihrem Grunde die Stimmen der Frösche. Die Sonne geht unter, der Rauch wird dichter, die Dinge lösen sich auf, fließen ineinander; wie betäubt sinke ich in einen Zustand der Selbstvergessenheit. Keine menschlichen Worte, keine Laute der Dinge, kein Schein von Lichtern. Was für ein stiller Abend! Ich stehe allein am Grunde des Zwielichts und lausche: Nur die Stimmen der Frösche, quakend, leise quarrend. Das ist in der Tat die Stimme des *Abends*.«

Bücher-Menu 6

Das Kopfkissenbuch der Hofdame Sei Shonagon. Aus dem Japanischen übersetzt und hrsg. von Mamoru Watanabé. München 1992; Bashô: *Auf schmalen Pfaden durchs Hinterland.* Aus dem Japanischen übertragen sowie mit einer Einführung und Annotationen versehen von G. S. Dombrady. Mainz 1985; Shômon: *Das Tor der Klause zur Bananenstaude. Haiku von Bashôs Meisterschülern Kikadu, Kyorai, Ransetsu.* Herausgegeben und aus dem Japanischen übertragen von Ekkehard May. Mainz 2000; Buson: *Dichterlandschaften. Eine Anthologie.* Aus dem Japanischen übertragen sowie mit einer Einführung und Annotationen versehen von G. S. Dombrady. Mainz 1992; Tokutomi Roka: *Natur und Menschenleben.* Aus dem Japanischen

übersetzt und kommentiert von Ekkehard May. Mainz 2008; Taniza-
ki Jun'ichiro: *Lob des Schattens. Entwurf einer japanischen Ästhetik.*
Aus dem Japanischen übertragen von Eduard Klopfenstein. Zürich
1987; *Japans Schönheit, Japans Seele.* Katalog zur gleichnamigen
Ausstellung in der Kunst- und Ausstellungshalle der Bundesrepublik
Deutschland. München 2003

DER ZWEITE TAG

*Offen steht jetzt wieder ein Saal,
und gesund ist der Garten ...*
(*Stutgard,* von Friedrich Hölderlin)

Unterwegs lesen

Stuttgart, eine Woche später. Das große, hoch gelegene Gartengelände mit Blick auf die Stadt, frühmorgens, ein sonniger Tag. Zwei bequeme Stühle und ein kleiner, kreisrunder Tisch auf einer Terrasse, Tafelwasser, Bücher, Manuskripte, einige Stifte: Der erneute Versuch eines entspannten Beginns.

Die Besucherin: Lieber Herr Ortheil, ich freue mich sehr auf unser zweites Gespräch. Da ich nun eine Woche Zeit hatte, mir Gedanken über das erste zu machen, habe ich mir einige Stichworte für unsere heutigen Themen notiert. Mir ist zunächst einmal aufgefallen, dass wir fast ausschließlich über das Lesen und die Lektüren auf diesem wunderschönen Gelände gesprochen haben. Nun sind Sie aber doch viel unterwegs – deshalb meine erste Frage: Wie lesen Sie auf Reisen, und wie verändert das Reisen diese Lektüren?

Ortheil: Mein Reisen ist vor allem ein Reisen mit dem Zug und dann meist mit dem ICE, ich bin ein ICE-Reisender. Das hat tatsächlich gewisse Folgen für das Lesen, über die wir sofort sprechen können. Das beginnt bereits mit dem Aufbruch zu einer solchen Reise: Meist bin ich schon etwa eine halbe oder dreiviertel Stunde vor der Abfahrt im Bahnhof. Ich genieße diese Zeit sehr, ich laufe den halben Bahnhof ab, besorge mir frische Zeitungen, etwas Proviant, trinke einen Kaffee und gehe natürlich auch in die Bahnhofsbuchhandlung.

Ich kann mich nicht erinnern, eine Bahnhofsbuchhandlung je ohne einen Einkauf von Büchern verlassen zu haben. Gerade in solchen Buchhandlungen überfällt mich meist ein besonders heftiger und kurioser Lesehunger. Das kommt zum einen daher, dass ich die vielen freien Lesestunden im Zug vor Augen habe, die den Leseappetit anregen; zum anderen aber werde ich von dem spezifischen Sortiment der Bahnhofsbuchhandlungen angezogen, in denen ich Titeln in erster und vorderster Front begegne, die in literarischen Buchhandlungen eher versteckt oder gar nicht in Erscheinung treten.

Dieses Sortiment aus allem Möglichen gefällt mir, all diese Ratgeber für den raschen Lesekonsum, die Bestseller, die neusten Taschenbücher aller Art. Warum nicht? ..., denke ich, warum nicht auch so etwas einmal lesen?! Soll ich etwa zu einem Leser verkommen, der laufend nur mit kulturell abgesicherten Titeln unterwegs ist? Nein, auf keinen Fall, ich mag das uniformierte Lesen nicht, und erst recht mag ich Kanon-Bildungen nicht. Einen bestimmten Kanon lesend abzuarbeiten – das kann ja nur eine Tortur sein. Dagegen habe ich eine große Freude an unvorhersehbaren Lektüre-Mixturen.

Dann lassen Sie uns doch mit einer solchen Lektüre-Mixtur anfangen ...

Gern. Beginnen wir mit einer Mixtur von Lifestyle-Büchern, die ich besonders liebe. Für einen Romancier enthalten Lifestyle-Bücher nämlich extrem interessantes, soziales Material, das jede Erzählung nährt. Hier also ein Text, in dem ich meinen Umgang mit diesen Büchern beschreibe:

Es ist wieder einmal Zeit für etwas mehr Askese, Konzentration, Selbstüberwindung. Diesmal gehe ich das Ganze nicht in der üblichen, meist läppischen Weise an, sondern offensiv und dynamisch. Deshalb habe ich mich für Robert Polsters *Power-Workout für Body & Soul* entschieden, im Kern handelt es sich dabei um die neusten Power-Exercises, die mir helfen, Energie aufzubauen und ins Energiezentrum vorzustoßen. Power-Yoga ist zur Zeit ein Geheimtipp in der Fitnessszene, und wer sich darunter noch so etwas wie traditionelles Yoga vorstellt, ahnt wahrscheinlich nicht einmal, wie man den »Hund nach unten« (Exercise 6) macht. Ich selbst jedenfalls habe nicht nur bewusstes Atmen gelernt, ich habe auch meine Bandhas (»Energieschlüssel«) wieder unter Kontrolle und spüre endlich meinen Beckenbodenschlüssel.

Phantastisch, wie frei die Energien fließen! Mein erleichterter, gelöster Körper will sich jetzt zeigen, höchste Zeit, dass ich auch die Basics fürs gute Outfit noch einmal durchgehe. Hosen zum Beispiel sind ein ernsthaftes Problem: Röhrenschnitt ohne Bundfalten, Karottenform mit Bundfalten, weit und gerade ohne Bundfalten, das alles ist eine Typfrage, und der Typ wird heutzutage eben von seinem Körper gemacht.

Was die Stoffarten betrifft, so bevorzuge ich im Augenblick Vikunja, einen Stoff, für den südamerikanische Kamele ihre seidigen Haare lassen. Wem das zu teuer ist, der sollte Guanako versuchen, der aus dem Haar des »Lama guanicoe« gemacht wird. Man denke aber daran, dass der Stoff eines Saccoärmels an der Außenseite der Oberarme glatt herabfallen muss, unten, an der Hand, sollte die Armbanduhr noch ein Stück herausschauen.

Für den kleinen Tipp braucht man sich nicht eigens bei mir zu bedanken, schließlich habe ja auch ich mein Wissen nur aus Bernhard Roetzels *Style-Guide*, einem Moderatgeber für Männer, der die besten Looks gleich mit den richtigen

Shopping-Strategien verbindet, regelrecht krawattengeil bin ich durch dieses Buch geworden, von meinem neu entfachten Hang für Edel-Sneakers, dem »idealen Freizeittreter für Freunde edlen Schuhwerks« ganz zu schweigen.

Und wozu das alles? Dumme Frage, letztlich geht es natürlich um besseren Sex, und der fängt wiederum heutzutage eben nicht erst beim üblichen einfallslosen Gefummel an. Edith Einhart hat eine *Kleine Liebesschule für Frauen* geschrieben, und die ist natürlich extrem etwas für Männer. Die Vanilleeisesser unter uns, erfahren wir hier, gelten als phantasievolle Liebhaber, die Schokoesser als verwegen und dominant, Torroncino-Esser gehen am härtesten ran und bevorzugen Sex in Fahrstühlen und Flugzeugtoiletten. Lange genug haben wir uns nicht gefragt, ob wir ein Stiletto-Typ oder ein Skater sind, Skater gleiten mühelos durch dies und das und sind damit allemal besser dran als Turnschuh-Typen mit ihren geringen Erotikfaktoren.

Gnadenlos hat Edith Einhart auch die typischen schlechten Angewohnheiten jener Männer gesammelt, die längst passé sind, nur zur Selbstbestätigung sollte man die Listen noch einmal durchgehen. Hat jemand zum Beispiel schon einmal daran gedacht, dass Oralverkehr als gutes Gesichtsmuskeltraining gilt und gegen Falten wirkt, ja, auch und gerade bei Männern, im Sperma sind übrigens Goldspuren, das sollte einen ruhig etwas stolz machen. Außerdem sollte man sich von Krankenschwesternschülerinnen den kleinen Nerv am Oberschenkel zeigen lassen, der schon bei leichter Stimulierung Erektionen auslöst, bitte, auch diese Empfehlung stammt von Edith Einhart, und ich gebe sie hier ganz uneigennützig weiter.

Danach aber ist es hohe Zeit, all das perfekt Stimulierte kunstvoll zur Literatur hin zu lenken, um die es unsereinem ja meist letztlich doch geht. Thomas Anz hat, als hätte er von diesen geheimen Wünschen geahnt, ein Buch über *Literatur und Lust* geschrieben, in dem auf höherer Ebene genau das verhandelt wird, was ich bisher nur auf der Liegematten-Ebene angesprochen haben. Sex und Philosophie können, Thomas Anz zitiert als Zeugen gleich mehrfach den amerikanischen Kulturhistoriker Robert Darnton, dabei übrigens Hand in Hand gehen, sogar einen ganzen französischen pornographischen Roman hindurch, er sollte allerdings aus dem achtzehnten Jahrhundert sein, die Erzählstrategien des achtzehnten Jahrhunderts werden leider noch immer unterschätzt.

Ich selbst merke hier einmal an, dass mir die Erotik des späten achtzehnten Jahrhunderts schon immer so etwas war wie heutzutage gleichsam ein Paar Edel-Sneakers, ich sage nur »aufwendige Verarbeitung«, »butterweiches Gehgefühl«, zuallerletzt ist jeder Text eben doch wieder die Phantasie eines Körpers oder sogar selbst Körper, schreibt Thomas Anz. Ich schließe mit Nietzsche: »Die Asketen wissen allein, was Wollüste sind«, das ist es, exakt, und exakt wurde es soeben bewiesen.

*

Sehr schön, aber schade, dass es von diesem wunderbar ironischen Text keine Variante für Frauen gibt …

Es gibt keine Variante für Frauen? Aber natürlich gibt es eine solche Variante:

Unsere Freundin Sandra ist so was von gut drauf, es ist unglaublich. Und wem verdankt sie das? Den neuen Taschenbüchern, die sie kurz vor ihrer Berlin-Reise in der Bahnhofsbuchhandlung gekauft hat! Mit Christine Neubauers *Das*

Vollweib-Training und den besten Workouts für eine nicht unterernährte Wohlfühl-Figur legte sie los, Schritt für Schritt und Muskel für Muskel vermittelt dieses Buch ein ideales Ganzkörpertraining mit locker eingestreuten Fitnesstests.

Sandra hat Christine Neubauer gerade in der Rolle der *Geierwally* im Fernsehen gesehen, das hat ihr so imponiert, dass sie sich gleich nach dem ergänzenden Lehrbuch zum Film umschaute. Nach der Lektüre hat sie begriffen, dass *Geierwally* so etwas wie eine poetisch überhöhte Bezeichnung für »Vollweib« ist und dass Vollweiber nichts so sehr hassen wie Kate Moss und auf nichts so sehr achten wie auf den glykämischen Index, der alles Wissenswerte über den Blutzuckerspiegel verrät.

Das echte Vollweib hält sich dabei nicht nur an ein Workout-Programm für jeden Tag, sondern kümmert sich darüber hinaus noch um ein »Power-Workout gegen Cellulite« sowie um ein »Turbo-Workout für die Bikinifigur«, das Turbo-Workout ist übrigens geradezu ideal für die Wochen nach Ostern. Auf einem der hinreißenden Schwarz-Weiß-Fotos, die den Text begleiten, hat sich Christine Neubauer schon einmal ansatzweise bikiniert ins Wasser begeben, sonst posiert und trainiert sie aber vor allem in echtem *Geierwally*-Ambiente, auf Tiroler Bergwiesen gleich unterhalb der Zonen, wo die Geier eben so wallen.

Sandra hat sich auch gleich *vital – die diät* besorgt, denn in diesem Buch geht es ganz im Sinne der *Geierwally*-Philosophie um das erfolgreiche Abnehmen mit ganz großem Genuss. All die Weisheiten, die man kennen sollte, um die kleinen Widersprüche in diesem Ernährungsansatz sofort auszuräumen, kommen da gleich zu Beginn noch einmal mächtig zum Zug. So thronen in der »Lebensmittelpyramide« die schlimmen Weißmehlprodukte und der blöde Alkohol ganz weit oben, während sich unten, an der lebenswichtigen Basis, die guten Vollkornprodukte sowie Salat und Obst breitmachen. Honig, Ingwer und Chili tanzen dann in der Reihe der 15 wichtigsten Lebensmittel auf, Ingwer zum Beispiel, mit heißem Wasser überbrüht, entwässert den Körper, und Honig ist, nun ja, einfach gut für die Stimmung.

Wie häufig im Fall von kompetenten Diät-Büchern sind die bunten Fotos mit am schönsten: Wie das sattrote Kirschkompott in Begleitung zweier sehr distinguierter Vanilleschoten da in den Vanillereis sackt oder eine Handvoll Rauke sich auf einer gebratenen Feige in einem dezenten Magerquarksee auf gleich zwei Scheiben Vollkorn-Toast rekelt – das war für Sandra eine echte Lese-Verführung …

Nach Körpertraining und Ernährungsprogramm war es dann aber höchste Zeit für die neusten Stil-Basics in Sachen Outfit. Der Styleguide von Claudia Piras und Bernhard Roetzel beginnt mit den knallharten Fragen eines klassischen Personality-Checks: Was bin ich? Wo shoppe ich am liebsten? Als was sehe ich mich in meinen Träumen? Von den entsprechenden Antworten ist der Weg dann nicht weit zu den Grundregeln des Stylings und den zehn wichtigsten Wohlfühlprämissen, und von dort, ab die Post, zu den Hauptakteuren jeder guten Garderobe, also zu Underwear und BH, zu Socke und Strumpf, zu Kleid, Rock und Hose.

Inzwischen schwört Sandra, dass sie nie mehr eine Radlerhose mit Norwegerpulli und nie mehr Adiletten mit Tennissocken tragen wird, denn längst hat sie die Regeln des subtilen Zusammenspiels der Nuancen begriffen, die zu einem vollendeten Styling gehören: Zu Marlenehosen bitte keine flachen Schuhe, höchstens Sneakers mit noppiger, dicker Sohle, und zu Karottenhosen mit Bundfalten keine hohen Schuhe, höchstens Pumps, dann sollte der Hosensaum aber etwa beim Spann enden!

Das *Vollweib*-Total-Programm schließt mit der Mutter der

Vollweiber, mit Anaïs Nin, deren bisher unveröffentlichte Tagebücher der Jahre 1937–1939 gerade erschienen sind. Die *Nächte unterm Venusmond* haben mit konventionellen Tagebüchern wenig gemein, eher handelt es sich um einen unermüdlichen Bekenntnis-Roman. Paris, die späten dreißiger Jahre, Anaïs Nin und drei Männer – so in etwa die Vorgaben eines bis in die letzten Körperfeinheiten ausgelebten Vollweib-Programms, in dem Henry Miller eine bedeutende Rolle spielt. Aber Henry ist vor allem »Beobachter, Auge, Ohr, Mund«, während Gonzalo viel mehr ist, nämlich Kommunismus, Eifersucht und Begehren, spanisch akzentuiert. Ach, diese Sommertage, weich wie Hermelinpfoten! Ach, diese einlullende Trance heißer Bäder! Ach, diese Mondstürme und die sich immer schneller drehende Erde und dazu all diese Mittagessen – das ist *la vie féerique*, kein Workout, keine Diät und kein Styling, sondern »das ewige Leben des Traums« …

*

Sie haben mich überzeugt, ich werde keine Bahnhofsbuchhandlung mehr auslassen und mich vor jeder längeren Reise ausgiebig mit solchen hinreißend komischen Lektüre-Mixturen versorgen … Treten wir jetzt aber unsere ICE-Reise an. Wenn ich Sie richtig verstanden habe, prägt ein solches Fahren das Lesen.

Und wie! Zuerst natürlich ganz einfach dadurch, dass eine solche Fahrt meine Lektüren gliedert, und zwar wiederum räumlich. Ich lese etwas an, ich gehe mit der Lektüre im Kopf durch den Zug, ich nehme irgendwo wiederum Platz, zum Beispiel im Speisewagen – und ich wechsle je nach Stimmung und Raum die Lektüre … Ich möchte Ihnen einen kleinen Text vorstellen, der diesen Ablauf reflektiert und davon erzählt …

Auf der Strecke nach Mannheim begann ich mit der Lektüre von Brigitte Kronauers Roman *Das Taschentuch*. Ich lehnte mich in meinem breiten ICE-Sessel zurück, und schon nach den ersten Seiten hatte ich die vertraute Kronauer-Melodie wieder im Ohr, eine Art vergnügtes Mitsummen, eine leichte Erregung und manchmal sogar Verzücktheit, die in den ruhigeren Passagen von einem amüsierten Beobachten der Figuren abgelöst wird.

Deren Bewegungen erscheinen im *Taschentuch* so gedehnt, dass man selbst immer langsamer liest, um die eigentlich interessanten Momente von Kronauers Prosa nicht zu verpassen: Wie sie die kleinen Dinge des Alltags in ihren hohen Ton einpasst, so dass zum Beispiel plötzlich ein veritables »200-g-Päckchen Philadelphia Frischkäse« auftaucht, wie sie die Figurenkonstellationen manchmal blitzschnell verschiebt, um daraus Feuer für einen einzigen Satz zu schlagen, oder wie sie Dialoge entwirft, die lauter bekannte Dialogfetzen aufnehmen und daraus doch ganz unverhofft neue Wendungen machen.

Nach etwa anderthalb Stunden gönnte ich dieser Lektüre eine Pause und machte mich mit Uwe Timms Erzählungen *Nicht morgen, nicht gestern* auf den Weg in den Speisewagen, wo ich gleich wieder zu lesen begann. Timms Geschichten sind ganz handfeste und gut in der Erinnerung bleibende »Geschichten aus dem Leben«, sie werden von einem zurückhaltenden Erzähler schnörkellos präsentiert und wirken wie fest abgedichtete, monadische Welten, in denen ein oft katastrophales Ereignis alles zum Einstürzen bringt.

Die Titelgeschichte etwa handelt von einer jungen Frau, die während der ersten gemeinsamen Reise von ihrem neuen Freund ganz furchtbar enttäuscht wird, man spürt diese Enttäuschung beinahe physisch, beginnt zu schlucken, legt das Buch erst mal weg und versteht nicht mehr, was den halben

Speisewagen dazu treibt, *Geschnetzeltes von der Truthahn-keule mit Champignons in Rahmsauce* zu bestellen.

Als ich wieder auf meinem Platz war, sehnte ich mich nach einer vertrauten Stimme, und so war ich froh, dass ich mir in der Stuttgarter Bahnhofsbuchhandlung auch gleich noch Barbara Honigmanns *Roman von einem Kinde* gekauft hatte. Von diesem Erstling besitze ich bereits eine gebundene und eine frühere Taschenbuch-Ausgabe, aber als ich das Buch jetzt in einer neuen Ausgabe sah, griff ich sofort wieder zu, weil ich mich an die Eindrücke erinnern wollte, die ich schon vor über zehn Jahren bei der Lektüre gehabt hatte.

Barbara Honigmanns Erzählungen werden nämlich von einer sehr nahen, den Leser beinahe freundschaftlich in die Geschichten einbeziehenden Stimme vorgetragen. So nimmt man gleichsam am Küchentisch der Erzählerin Platz, während sie sehr direkt und umstandslos in einem unvergleichlich warmen und melodiösen Ton von sich selbst berichtet. Man hört ihr dann ununterbrochen mit einer großen Sympathie zu, und da diese Sympathie ja nicht laut oder direkt werden kann, zieht es einen hinein in eine ruhige Melancholie, die von einem gemeinsamen Erinnern ausgeht. Diese Erzählmelancholie reißt einen aber nicht in ein tiefes Loch, man schwebt eher durch die Landschaft und beginnt bald, sich Geschichten im Honigmann-Ton selbst zu erzählen, nur dass es jetzt Geschichten aus dem eigenen Leben sind.

Kurz vor Kassel hatte mich dieses Selber-Erzählen zu einem langen Starren aus dem Fenster verleitet, und als der ICE in den Göttinger Bahnhof einfuhr, dachte ich, so geht es nicht weiter, schließlich sind es ja noch einige Stunden bis Berlin. Daher nahm ich Kronauers *Taschentuch* wieder hervor, es war jetzt genau das richtige Buch, um die sich festsetzende Melancholie aufzulösen, Brigitte Kronauers Romane sind nämlich keine Spur melancholisch, sondern hellwache Beobachtungsrituale, die einem den Kopf aufräumen und oft sogar so anregend sind, als wollten sie einem ganz profan gute Laune machen.

Kurz nach Hildesheim aber nahm ich dann noch den letzten Band meines Lektüreproviants in die Hand, Josef W. Jankers Roman *Der Umschuler*. Dazu hatte Peter Handke ein Nachwort geschrieben, und wie in den meisten Fällen, in denen Handke zum Text eines andern Autors ein Nachwort geschrieben hat, erging es mir auch hier so, dass ich den Text von Janker nach der Lektüre des Handkeschen Nachworts für einen Handke-Text hielt. Deshalb las ich den Janker-Roman plötzlich so, wie ich früher oft Handkes Romane gelesen hatte, mit größeren Pausen zwischen den Absätzen und manchmal, zur Kontrolle, noch einmal zwei, drei Sätze zurückspringend, in der Art einer Springprozession.

Nach fünfeinhalb Bahn- und Lektüre-Stunden kam ich dann in Berlin an, und ich dachte, jetzt bist du bereit, jetzt kann das ganz Neue kommen …

*

Eine solche Fahrt ergibt also eine eigene Lektüre-Kette …

Ja, und zwar eine Kette, die mit dem jeweiligen Tag, der Strecke und den jeweiligen Räumen zu tun hat, all diese drei Komponenten sind keineswegs zufällig, sie bestimmen vielmehr das Lesen.

Und lassen Sie mich noch auf etwas anderes hinweisen: Das Lesen von Erzählungen und Romanen wird oft als eine Herstellung von Bildern und Bildzusammenhängen im Kopf verstanden, als Aufbau einer bildlichen Phantasiewelt. Daran ist gewiss etwas Richtiges, wobei ich glaube, dass die so entstehenden Phantasiewelten eine große Ähnlichkeit mit denen des Traums besitzen. Sie sind fragmentarisch, sie haben wenig Konstanz, und sie verschwimmen in den Details.

Mindestens ebenso wichtig ist aber die vom Leser wahrgenommene Erzählstimme. Lesen heißt also auch, auf die Schwingungen einer Stimme reagieren, sich in einem stimmlich-räumlichen Kosmos bewegen, den Bewegungen einer Stimme folgen. Vielleicht setzt sich sogar die Stimme noch viel vehementer in mir fest als die bildlichen Momente. Dann halte ich mich in einem primär akustischen Raum auf, einem Raum also, der von den Tempi, Rhythmen und Klangmomenten einer Stimme gebildet wird. Die Lektüre macht mich in solch einem Fall zu einem Klangkörper …

Doch zurück zu meinen Reisen im ICE. Manchmal passiert mir noch etwas ganz anderes als die Verwandlung einer Reise in Lektüren: Eine Lektüre verwandelt sich vollständig in eine ICE-Reise, sie löst sich in diesem räumlichen und personalen Ambiente auf …

Wie denn das?

Am besten zeige ich es an einem Beispiel. Ich habe einmal eine längere ICE-Fahrt mit der Lektüre des Romans *Fundbüro* von Siegfried Lenz bestritten, hören Sie, was das für Folgen hatte:

Wir besteigen den ICE *Siegfried Lenz* im Hamburger Hauptbahnhof, ohne zu ahnen, wohin es geht. Wir verstauen unser Gepäck und nehmen Platz, seltsamerweise verlassen wir Hamburg ganz pünktlich. Wir lehnen uns zurück und erstarren ein wenig, in unserem ICE-Großraumwagen ist es still wie immer, ICE-Großraumwagen sind meditative Oasen, kurz schauen wir aus dem Fenster, da ist es auch schon, das trügerisch schöne Landschaftsbild, das mit jener souveränen Langsamkeit vor dem Fenster vorbeigezogen wird, die uns noch ruhiger macht.

Über einer Durchgangstür signalisiert uns eine Leuchtschrift, welch ungeheure Geschwindigkeit unser ICE gerade fährt, auch das ist aber ein Trug, nichts ist im Innern von diesem Tempo zu spüren, im Gegenteil, ICE-Züge erwecken fahrend den Eindruck einer in sich gekehrten Weltabgewandtheit, wodurch Atmosphären und Stimmungen entstehen, die es nur in ICE-Zügen gibt.

Und so werden wir hineingezogen in den ICE-Stimmungssog, indem wir den Kontakt zur Außenwelt langsam verlieren, tief in uns drinnen tut sich jetzt etwas auf, ein Quell nicht mehr für möglich gehaltener Freundlichkeit, wir geraten richtiggehend in eine Freundlichkeits-Trance, aber wir sind damit nicht allein, so ergeht es fast allen.

Die älteren Herrschaften geben den Ton an, sie haben es sich in ihrem sorgfältig ausgewählten Reisedress schon bequem gemacht, wir unterhalten uns mit ihnen über Verwandte, Freunde und die wahren Dinge des Lebens, aber auch die jungen Reisenden sind plötzlich ganz anders als sonst, liebenswert offen, herzlich, ohne den geringsten Ehrgeiz, den Karrierestress der bemitleidenswerten Laptop-Herren mitzumachen.

Der Mittelpunkt unserer Reisegesellschaft ist Henry Neff, Henry ist vierundzwanzig und hat gerade eine kleine Stelle in einem Bahnhofs-Fundbüro angetreten, er kommt mit jedem, aber auch jedem, gut aus und erzählt uns von den Szenen, die das Leben im Fundbüro schreibt, denn das Fundbüro ist für Henry eine Art Schicksals-Zentrale, aber auch ein kleines Theater, vielleicht ist es sogar etwas Symbolisches, wo die Werte des Lebens auf den Prüfstand geraten, aber wir wollen Henry mit genaueren Fragen danach nicht überfordern, denn

ICE-Gespräche haben nichts von Schärfe oder verquälter Nachdenklichkeit, ICE-Gespräche passen sich den trügerischen Effekten der Reise vollkommen an.

Natürlich lernen wir bald auch einen Weitgereisten kennen, in jedem ICE sitzt ein solcher Weitgereister, der dann von seiner fernen, allen unbekannten Heimat erzählt, diesmal ist es Doktor Lagutin, der ist Baschkire, und zu Hause ist er in Samara, uns zuliebe spielt er dann auch auf seiner baschkirischen Flöte, und die älteren Herrschaften schenken selbst gekochten Tee aus ihren Thermoskannen aus, während Doktor Lagutin davon erzählt, wie gesund Tee mit Wildbienenhonig sein kann, leider, muss er zugeben, mangelt es in Deutschland an Wildbienen.

Schon wechselt Henry aber geschickt das Thema, er berichtet uns jetzt von seiner Eishockey-Passion, Henry ist sogar ein aktiver Eishockey-Spieler, und Barbara, seine Schwester, die ein Auge auf Doktor Lagutin geworfen hat, ist eine Amateurkanutin, das aber nur in ihrer Freizeit, versteht sich.

Hannes Harms ist der, der das Fundbüro leitet, und es gibt noch den alten Bußmann, dem die Entlassung und das Wegrationalisieren drohen, Henry nimmt das sehr ernst und macht das Angebot, sich an Bußmanns Stelle wegrationalisieren zu lassen, dann wäre er, vermuten wir, arbeitslos, das aber kann ja nicht sein, denn in einem ICE fahren keine Arbeitslosen, eine ICE-Reisegesellschaft wird vielmehr schon nach kurzer Fahrt zu einer wahren ICE-Lebensgemeinschaft, die eng zusammenrückt und die ganze Fahrt über zusammenhält und mit Hilfe der sich immer magischer ausbreitenden Herzlichkeit alle trüben Themen beinahe vollständig verdrängt.

Leider lauern aber vorn im ICE-Bistro, da wo ja meistens die unbelehrbaren Kettenraucher und Dauersäufer rumlungern, einige fiese Motorrad-Typen herum, die unseren Doktor Lagutin anmachen. Sie haben die spezifische ICE-Stimmung noch nicht inhaliert, und deshalb setzen wir sie dann auch mit der von uns sonst natürlich verachteten Gegen-Gewalt an die Luft, zum Glück hat Henry einen seiner Eishockey-Schläger im Gepäckfach bereit, da kann er uns gleich mal zeigen, wie man so etwas als Waffe einsetzt, nicht übertrieben draufgängerisch, eher sozial-medizinisch, damit die gute Stimmung erhalten bleibt.

So fahren wir und fahren doch auch wieder nicht, wir führen ein typisches ICE-Leben, und irgendwann kommt der mobile Getränke-Verkäufer vorbei, und wir bestellen für den alten Bußmann einen guten Remy Martin, der so etwas bringen soll wie Erleuchtung und Wärme, ohne daran zu denken, dass es in einem ICE keinen Remy Martin gibt. Darf es auch etwas anderes sein?, fragt uns der mobile Getränke-Verkäufer in seinem ICE-Deutsch und empfiehlt uns einen Aquavit, und wir sagen, gut, dann eben Jubiläums-Aquavit, und dann schweigen wir, bis die Gläser vor uns stehen, und nippen daran und sind für kurze Zeit ein wenig beflügelt.

In jedem ICE sind die Lebensgemeinschaften am Ende ein wenig beflügelt, aber nicht laut, die hausgemachten Brote sind schließlich verputzt und die Thermoskannen geleert, und selbst die kleinste Cognac-Bohne bietet uns keinen Erzählstoff mehr, und dann ist der schlimme Moment da, wir müssen uns trennen, der ICE hält, wir steigen aus und sind den älteren Herrschaften noch beim Aussteigen behilflich, dann aber geraten wir uns sofort aus den Augen, wir werden uns nie mehr begegnen und würden uns auch nicht mehr erkennen, das harte, reale Leben hat uns jetzt wieder, Hamburg-Hauptbahnhof, ein paar Stunden sind wir wunderbar entrückt im Kreis gefahren, im ICE *Siegfried Lenz* und seinem Roman *Fundbüro*, dem philanthropischsten Roman, den wir seit langer, langer Zeit gelesen haben.

Das ist ja wahrhaftig ein kurioser Text: Die Verwandlung einer Lektüre in eine ganz bestimmte Form einer Reise ...

Ja, das ist ungewöhnlich, aber es sollte einen auch wiederum nicht allzu sehr erstaunen, da es zwischen Lesen und Reisen sehr starke Parallelen gibt. Im Grunde kann man das Lesen ja auch als eine Art Reise begreifen, als einen Aufbruch in Neuland, ein Sich-Niederlassen hier und dort, als Aufbau von Wegstationen, als Verzehr von Proviant, als erneuten Aufbruch ... Und man könnte sich vorstellen, das Lesen eines bestimmten Textes in einer Art Karte zu dokumentieren und es damit zu kartographieren, als Wegstrecke in einem bestimmten Gelände.

Genau das habe ich in meinem Text getan. Ich habe den Roman *Fundbüro* von Siegfried Lenz als einen Roman verstanden, der ein bestimmtes Personal und bestimmte Atmosphären aufbietet, deren Eigenarten und Besonderheiten ich im Verlauf einer ICE-Reise kartographiere. Anders gesagt: Ich habe über den Roman als ICE-Reise geschrieben, das erläutert den Lektüre-Eindruck besser als jede steif-distanzierte Deutung von außen.

Sowieso vermute ich ja, dass die Dichter und Schriftsteller auf ganz besondere Weise reisen, sie erleben das Reisen zunächst als eine Lektüre der Welt, als Entziffern ihrer Zeichen und Räume, das dann unmittelbar übergeht in das Schreiben. Das Schreiben wird also durch das Reisen auf besonders intensive Weise angeregt, nicht nur in dem Sinn, dass man etwas Neues, neue Stoffe, neue Landschaften, andere Menschen, kennenlernt, sondern weit darüber hinaus: Durch das Kennenlernen des Neuen findet man zu einem gesteigerten eigenen Schreiben, das Neue löst sich in der Steigerung dieses Schreibens auf, letztlich geht es also gar nicht um dieses Neue, sondern um die Verstärkung und Bereicherung des

Eigenen. Wobei sich das Reisen überall entfalten kann, in fremden Städten, in weiten Landschaften, im nächsten Café, zu Hause in den eigenen vier Räumen ..., darauf kommt es nicht an.

Das Grundmodell für das Verständnis all dieser Zusammenhänge zwischen Reisen, Beobachten und Schreiben liefert die Gattung des »Literarischen Führers«, die ja zunächst einmal nur Material liefert: Welcher Dichter hat sich wann wo aufgehalten, und welche Texte sind dabei entstanden? Diese simple Material-Frage könnte man aber steigern, auf ein hohes Niveau, dann würde man sich immer mehr mit den experimentellen Anordnungen beschäftigen, die Dichter und Schriftsteller bei der Erkundung von bereisten Räumen aufbauen. Genau diese Idee liegt einem kleinen Text zugrunde, in dem ich mich auf österreichische Dichter und ihre Reisen konzentriere:

Auf nach Österreich, denn Wolfgang Straub hat die Reihe der bei Insel erschienenen *Literarischen Führer* nun durch einen *Literarischen Führer Österreich* ergänzt. Und wie im Fall der Vorläufer ist auch dieser Band zu einem Buch geworden, das durch die enorme Fülle seiner interessanten Details besticht. Sich in so etwas zu vertiefen, muss jedem wirklichen Leser Freude machen, erscheinen Land und Leute doch plötzlich so, als seien sie einzig durch und für die Literatur entstanden und geschaffen.

Jeder Ort und jede Stadt werden zunächst mit einigen Zitaten angekündigt und vorgestellt, darauf folgen kurze biographische Abrisse all der Autorinnen und Autoren, die in dem jeweiligen Raum geboren wurden, länger gelebt haben oder gestorben sind. Danach dann die Liste all derer, die sich eine Zeit lang dort aufgehalten haben, mit Hinweisen auf

Brief- oder Tagebuch-Passagen, mit Auszügen aus Büchern, die am Ort spielen oder in ihm entstanden.

Erstaunliches kommt dabei fast immer zutage, selbst im Falle Salzburgs, wo man doch das meiste bereits zu kennen glaubt, ist man mit Geschichten und Details konfrontiert, die sich wie Inhaltsangaben zu packenden Erzählungen lesen. Thomas Mann etwa kommt immer wieder nach Salzburg, hält Vorträge, macht die Bekanntschaft der großen Dirigenten und lässt sich von seinem Chauffeur im eigenen sechssitzigen Kabriolett durch die Stadt fahren. Und James Joyce – wer hätte geahnt, dass er mit seiner Lebensgefährtin Nora Barnacle und beider gemeinsamer Tochter einmal einen ganzen Festspielsommer in Salzburg verbracht hat? Und schließlich Albert Camus: In Salzburg besucht er mit seiner ersten Frau Simone eine *Jedermann*-Aufführung und macht eine für ihn grausame Entdeckung, die ihn noch während seines Aufenthalts dazu bringen wird, sich für immer von seiner Frau zu trennen.

Aber auch die kleineren Orte und Räume leuchten in diesem Buch mit einem Male groß auf, wenn etwa berichtet wird, dass Adalbert Stifter zu seiner Novelle *Bergkristall* durch eine Wanderung inspiriert worden sei, die er 1845 zusammen mit einem Freund, dem Dachsteinforscher Friedrich Simony, in der Nähe von Hallstatt unternommen habe. Oder Puchberg am Schneeberg – hier hat Ludwig Wittgenstein als Volksschullehrer gearbeitet, als sein *Tractatus* erschien. Oder Schruns – hier hat Ernest Hemingway mit seiner ersten Frau und dem gemeinsamen Sohn einen ganzen Winter verbracht und zusammen mit John Dos Passos zahlreiche Skiausflüge unternommen.

»Jemand wie Ludwig Wittgenstein verkörpert (mir) das Höchste am Österreichertum wie auch am Menschtum; und natürlich gibt es Ö.er, wie er einer war, immer noch; aber wo? und was tun sie?« – das ist eine der kurzen Notizen in Peter Handkes Aufzeichnungen *Gestern unterwegs*, die vom November 1987 bis Juli 1990 reichen. Handkes Notate erzählen in fragmentarischer Form vor allem seine weiten und ausgedehnten Reisen, das Schöne an ihnen aber ist, dass sie diese Reisen wie Pilgerreisen erzählen, so dass man als Leser mit ihm ununterbrochen auf der Suche ist nach »Offenbarungen« und »großen Momenten«, die nichts ausgestellt Feierliches haben, sondern ihre Feierlichkeit und Würde aus der Ruhe und Kraft der Beobachtungen beziehen.

Insgeheim kreisen all diese Reisen aber um die verloren gegangene Heimat und damit um Österreich, insgeheim geht es darum, wie und ob er wieder zurückfindet und wie er die Fremde mit zurücknimmt in seine Herkunft. Daher sind Handkes Notate vor allem Raum-Notate, sie suchen nach offenen oder sich dem Betrachter langsam öffnenden Räumen, sie suchen nach Möglichkeiten der »Annahme« und »Aufnahme«, ja es ist, als klopfe der gegenwärtig bedeutendste Dichter Österreichs gleichsam überall in den Weltgefilden an, auf Holz, Stein und Fels, um ein Raum-Echo zu hören: Den antwortenden Klang, die Reise-Musik: »Wenn du dich richtig bewegst, an den richtigen Orten, in der richtigen Zeit, im richtigen Licht, wird die Welt, immer noch, zum Märchen …«

Auffällig an den neueren Texten der großen österreichischen Autorinnen und Autoren ist genau dieses Monologische, Bohrende, das aus den täglichen Rückzugsgefechten von den »Fremdwelten« entsteht. Ilse Aichingers kurze Texte aus den letzten Jahren etwa haben den Titel *Unglaubwürdige Reisen*, die meisten von ihnen sind zu bestimmten Stunden im Wiener Café *Demel* entstanden, um die Mittagszeit, wenn die Gedanken um ein kleines, irgendwo aufgeschnapptes Erzählmotiv kreisten und dann zu streunen und zu wandern begannen. Daraus wurde mit der Zeit ein eigenes kleines Journal, drei- oder höchstens vierseitige Reflexionen, Träumereien oder Monologe, handschriftlich auf irgendeinen Fetzen Papier gekritzelt.

»Themen« im eigentlichen Sinn haben diese kurzen Texte nicht, es sind vielmehr Collagen aus Erinnerungen, Gehörtem und Gesehenem, Reaktionen auf Zeitungs- oder Hörfunk-Meldungen, die dann eine ganz unvermutete und fast immer persönliche Wendung nehmen, hin zum Autobiographischen. Das Titelblatt eines Merian-Bildbandes über New York, der Tod Astrid Lindgrens, ein Satz in einer Geschichte von Hans Christian Andersen – die bekannten Dinge erscheinen zu Beginn wie Fremdkörper und werden so lange fixiert, bis dieses Fremde sich langsam im Eigenen zu zersetzen beginnt. »Reisen« also meint hier so etwas wie das Ankommen in den eigenen Herrschaftsgebieten: »Das Frühstücksei um 12.43 oder einfach ›ein Buttersemmerl, wenn belieben‹ zur Portion heißer Schokolade: So hilft schon am späten Morgen die Ahnung, im Mittelpunkt eines Herrschaftsgebiets gelandet zu sein. Viel mächtiger als die USA. Die Demels waren seit 1857 ›Imperial- und Hoflieferanten‹, unter Franz Joseph wurde Ludwig Demel dazu ernannt.«

Ganz ähnlich wie Ilse Aichinger gibt sich auch Friederike Mayröcker in *Magische Blätter VI* ihren Assoziationen und Bildern hin, nur dass sie das Monologische, Schweifende noch mehr intensiviert, es handelt sich gleichsam um nach allen Seiten und Richtungen hin überquellende Notate und Tagebücher, voller Lese- und Kunst-Eindrücke, die aber nicht säuberlich voneinander getrennt werden, sondern in einen unablässig fließenden Gedankenstrom eingehen. Man glaubt, sie allmorgendlich an ihrem Tisch Platz nehmen zu sehen, man spürt ihre Bewegung hin zu all den Dingen, die sie umgeben, um etwas festzuhalten und es zu sich hinzuziehen, oft ist da eine kleine Hürde und Hemmung, eine Schreibhürde, über die muss sie weg, und dann springt sie, hinein in ihre Satz-Dickichte und Satz-Hecken und beginnt die Beschwörung: »erster Gedanke am Morgen: werde ich schreiben können werde ich heute schreiben können werde ich in die Feuerlilien Verfassung geraten, schreiben zu können: Anmerkungsschreiben Anmerkungsstil ...«

*

Sie sagten, die Gattung der »Literarischen Führer« liefere so etwas wie das einfache Grundmodell der Beobachtungen des Verhältnisses von Reisen und Schreiben. Wie könnte man dieses Modell denn erweitern, was wäre der nächste Schritt?

In den letzten Jahren hat sich auf dem Buchmarkt eine neue Gattung etabliert, die gleichsam in der Mitte zwischen dem »Literarischen Führer« und einer exakten, eingehenden Beschreibung der »Dichter-Werkstätten auf Reisen« steht, ich meine die sogenannten »Reisebegleiter«. In den »Reisebegleitern« gehen die Beobachtungen schon über die Sammlung des bloßen Materials hinaus, eine Erzählstimme kommt zum Material hinzu und präsentiert Geschichten, und zwar Geschichten einer merkwürdigen Symbiose von Landschaft und Schreiben. Hören Sie:

Es gibt immer weniger »Reiseführer« und immer mehr »Reisebegleiter«. Man erkennt sie daran, dass sie schon mit den ersten Sätzen verliebt tun, sie kokettieren, sie stöhnen und seufzen ein bisschen, vor allem aber legen sie lauter Köder aus, hinter denen wir Leser dann hertappen wie Somnambule. Rouen ..., sagen sie raunend (und meinen die französische

137

Stadt in der Normandie), Rouen, lieber Leser, hast du noch niemals gesehen, selbst dann nicht, wenn du bereits in Rouen gewesen sein solltest. Komm, komm mit mir, ich zeige dir jetzt Rouen, nicht, wie es ist, sondern wie du es träumen würdest, wenn du träumen könntest wie ich.

Und also befinden wir uns in der Normandie und in Rouen, und sofort leuchtet der Name »Flaubert« auf, gleich in der ersten Zeile unseres Normandie-Reisebegleiters ist er zur Stelle, Flaubert holt uns ab, denn Flaubert ist in Rouen geboren, in einer »grässlichen Heimatstadt«, wie er einmal geschrieben hat, aber natürlich hat Flaubert so etwas nicht ernst gemeint, es ist sein Zitat für den »Reisebegleiter«, markant und kritisch. Nicht bei Flauberts kritischen Launen hält sich unser »Reisebegleiter« auf, nein, er führt uns lieber gleich in sein Geburtshaus, und schon stehen wir mit Flaubert in Flauberts Garten, der kleine Flaubert spielt Ball, so heißt es, die Mutter ruft zum Essen, so heißt es ebenfalls.

In unseren neuen »Reisebegleitern« stehen die Großen einer Region oft noch als Kinder in Gärten, und die Mütter rufen zum Essen, so eine Szene ist geradezu die Ur-Szene aller »Reisebegleiter«, denn die »Reisebegleiter« arbeiten so, dass sie ihre geliebte Region mit lauter großen und ehrwürdigen Gestalten bevölkern und sie gleichzeitig zu kleinen Kobolden einschrumpfen, die in diesen Regionen herumtollen. Auf jedem Ästchen und Stöckchen sitzt ein kleiner Flaubert und winkt ein kleiner Guy de Maupassant, und wenn er den Mund öffnet, flucht er oder beginnt zu schwärmen, das eine ist so pittoresk wie das andere, denn vor allem auf diesen pittoresken Ton kommt es an. »Ich bin am Ufer des Meeres aufgewachsen, des grauen und kalten Nordmeeres ...«, erzählt Guy, und natürlich lassen wir ihm ein so großes Bild durchgehen, denn, wir wissen es ja bereits, in den »Reisebegleitern« erzählen die großen Schriftsteller immerzu selbst wie Reisebegleiter, starker Tobak und starke Bilder sind da gefordert und keinesfalls der historische Reiseführer-Kleinkram von früher.

»Kennt ihr jene Gegend, die man den Garten Frankreichs nennt, jenes Land, auf dessen grünen, durch einen großen Fluss bespülten Ebenen die reinsten Lüfte euch erquicken?« ... – diese sich teuflisch einschmeichelnde Frage stellt uns Alfred de Vigny, der bekanntlich auf einem Schloss in Loches zur Welt kam, sie eröffnet unseren »Reisebegleiter« durch das Tal der Loire, und wir zitieren sie hier, weil sie auf das Ur-Gedicht aller »Reisebegleiter« verweist, auf ihre geheime Matrix, auf Goethes berühmtes Mignon- und Italien-Gedicht »Kennst Du das Land? ...«.

Kennst Du das Land? ... – ist insofern infam, als die Frage von einer in die Geheimnisse der Ferne und Fremde Eingeweihten gestellt wird, die sich gleichzeitig an einen naiven Reisenden wendet. Mein Junge, singt diese verführerische Stimme, komm mit mir in das Land meiner Sehnsucht, und wenn du mir folgst, wirst du darüber zu meinem Geliebten, zu einem, der mich und dadurch mein Land zu lieben lernt, das aber gelingt nur, wenn wir uns an die geheimsten Stätten der Sehnsucht bequemen, dort, wo die Dichter säuseln und singen und hoch der Lorbeer steht.

Die verführerischen Sprachen der Dichter mobilisieren unsere »Reisebegleiter« und sprechen dabei selbst in einem verführerischen, stark femininen Ton, stilistisch gesehen durchzieht unsere »Reisebegleiter« ein unaufhörlich hingehauchtes Zitieren, Musik!, Poesie! ... erwartet uns allüberall, und allüberall ist mindestens eine oder einer der ganz Großen geboren: »Nicht weit von der Loirequelle, in Le Puy-en-Velay, ist Jules Valles 1832 zur Welt gekommen; nicht weit von der Mündung, in Nantes, ist er zur Schule gegangen.« So locken sie uns hinein in einen nicht mehr aufzutrennenden

Kokon von märchenhafter Geographie, eins sollen wir werden mit den bereisten Regionen, tief drinnen sollen wir schlummern in ihren alten Verliesen und Höhlen.

Genau dieses Träumen und Schlummern war auch die Sehnsucht Henry Millers, eines großen Urahnen unserer »Reisebegleiter«. Auch Henry Miller liebte die Dichter und die Musik und natürlich die Frauen, aber er war zu stolz und zu aufrührerisch und dann letztlich doch zu »modern«, um sich dem Singsang der Verführung ganz anheimzugeben. Immerzu reckt er den Kopf aus all der Romantik heraus, und dann entfahren ihm einige moderne Ansichten und ein Sich-Beweisen als Moderner und Jetztzeit-Vertreter, ein beinahe rührendes Plappern und eine tüchtige Verschwätztheit sind die Folge, kaum ein moderner Autor war wohl so sympathisch verschwätzt wie Henry Miller, dessen große Zeit nicht zufällig die sechziger Jahre waren, Jahre also, in denen man die Verschwätztheit bereits für eine Kunstform hielt.

Das Merkwürdige an Millers Reiseerzählungen ist, dass er um diese Verschwätztheit ahnt und sie oft zu zähmen oder zu verwischen sucht, dann legt auch er mächtig los und verhebt sich oft etwas skurril und kurios, wie einer, der den treffenden Ausdruck einfach nicht findet: »Manchmal brauche ich nur die Kissen zu berühren, und die entzückendsten Szenen treten wieder hervor. Wie Spinnweben bilden sie sich hinter der Netzhaut. Vom Keller bis zum Dachboden bin ich ein einziges glitzerndes Netz bebilderten Entzückens.«

Solche Sätze hätte Edith Wharton sich nie erlaubt, denn die große amerikanische Autorin hatte eine an Stendhal geschulte Beobachtungsgabe, die alle Begeisterung nur gleichsam abgekühlt aufscheinen ließ. Zu Beginn des letzten Jahrhunderts ist sie als stinkreiche Touristin, die sich jede Unterkunft und vor allem bereits ein Auto leisten konnte, mit einigen männlichen Begleitern durch Frankreich gereist, man kann sich gut vorstellen, dass sie den Ton angab und das Reise-tempo bis in jede Nuance diktierte, etwas wunderbar Direktes und Klares und Entschiedenes ist in ihren Berichten, die nirgends vor den Großen des Landes kuschen, sondern sie oft sogar einfach am Wegrand stehen lassen.

Edith Whartons Reiseberichte sind die stolzen Vorläufer unserer heutigen »Reisebegleiter«, es sind vornehm-selbst-bewußte Erzählungen, die auf das eigene Urteil vertrauen und den Leser behandeln wie einen, den man im Wagen ein kleines Stück mitnimmt und dabei noch gut unterhält: »Wieder ist es Frühling, und südlich von Paris liegt vor uns die lange, weiße Straße. Wie könnte man sich dem Ruf ent-ziehen?«

*

Sehr schön …, sehr schön und anregend. Man möchte sich gleich auf den Weg machen.

Sie geben das Stichwort. Wir haben lange genug auf der Terrasse gesessen, kommen Sie, begleiten Sie mich den Hang hinunter zu unserem kleinen Gästehaus, dort ist unsere Reise-Bibliothek untergebracht, ich möchte sie Ihnen gerne zeigen.

Ich wette, es gibt dort etwas Besonderes zu trinken. Habe ich recht?

Nichts Besonderes, nein, aber etwas, das zu diesen Morgen-stunden passt. Sicher haben Sie bemerkt, dass ich Ihnen den erwarteten Kaffee vorenthalten habe, ich habe Sie heute Morgen nur mit einer Flasche Tafelwasser begrüßt. Im Gäs-tehaus trinken wir nun eine Schokolade. Heutzutage heißt so etwas ja Kakao und wird oft als Kindergetränk mitleidig belächelt, dabei war eine gute Schokolade einmal das ideale Morgengetränk. Im Venedig des späten achtzehnten Jahrhunderts haben die schönen venezianischen Frauen frühmorgens ausschließlich Schokolade getrunken.

Unsere Schokolade besteht aus feinstem Schokoladenpulver aus der Schweiz und heißer Vollmilch aus dem Allgäu, schade nur, dass uns dieses herrliche Getränk nicht von Liotards Schokoladenmädchen serviert wird. Kennen Sie *La Belle Chocolatière*, das schöne Schokoladenmädchen, kennen Sie das Gemälde, das sich in der Sammlung Alter Meister der Dresdener Gemäldegalerie befindet? Liotards Bild ist in der Mitte des achtzehnten Jahrhunderts wahrscheinlich am österreichischen Kaiserhof in Wien entstanden, das junge, hübsch gekleidete Mädchen zeigt sich dem Betrachter von der Seite, es trägt ein kleines Tablett, und auf diesem zierlichen Tablett befinden sich eine Tasse Schokolade und ein Glas Wasser, nichts sonst.

Das gefällt Ihnen, nicht wahr, dieser Purismus gefällt Ihnen?

Wir sind da, hier, das ist das Gästehaus, bitte schauen Sie sich um.

Bücher-Menu 7

Robert S. Polster: *Power-Workout für Body & Soul*. Reinbek 2002; Bernhard Roetzel: *Der Style-Guide*. Reinbek 2002; Edith Einhart: *Kleine Liebesschule für Frauen*. München 2002; Thomas Anz: *Literatur und Lust. Glück und Unglück beim Lesen*. München 2002; Christine Neubauer: *Das Vollweib-Training*. München 2005; Antje Klein/Stefanie Nickel: *vital – die diät*. Reinbek 2005; Claudia Piras/ Bernhard Roetzel: *Mein wunderbarer Kleiderschrank. Der Styleguide*

für Frauen. Reinbek 2005; Anaïs Nin: *Nächte unterm Venusmond.*
Aus dem Englischen von Monika Curths. Frankfurt/M. 2005; Bri-
gitte Kronauer: *Das Taschentuch.* München 2001; Uwe Timm: *Nicht
morgen, nicht gestern.* Erzählungen. München 2001; Barbara Honig-
mann: *Roman von einem Kinde.* Sechs Erzählungen. München 2001;
Josef W. Janker: *Der Umschuler.* Roman. Frankfurt/M. 2001; Siegfried Lenz: *Fundbüro.* Roman. Hamburg 2003; Wolfgang Straub:
Literarischer Führer Österreich. Frankfurt/M. 2007; Peter Handke:
Gestern unterwegs. Aufzeichnungen November 1987 bis Juli 1990.
Frankfurt/M. 2007; Ilse Aichinger: *Unglaubwürdige Reisen.* Hrsg.
von Simone Fässler und Franz Hammerbacher. S. Fischer, Frankfurt/M.
2007; Friederike Mayröcker: *Magische Blätter VI.* Frankfurt/M.
2007; Sabine Grimkowski: *Normandie.* Ein Reisebegleiter. Frank-
furt/M. 2007; Manfred Hammes: *Im Tal der Loire.* Ein Reisebegleiter. Frankfurt/M. 2007; Henry Miller: *Frankreich.* Aus dem Amerikanischen von Heidi Zernig. Frankfurt/M. 2007; Edith Wharton:
Frankreichfahrt. Aus dem Englischen von Karl A. Klewer. Frank-
furt/M. 2007

Schokoladen-Gespräche mit Fern-Lektüren

Stuttgart. Das große, hoch gelegene Gartengelände mit Blick auf die Stadt, morgens. Ein kleines Gartenhaus aus Holz, etwas tiefer als das Wohnhaus gelegen. Auf der Veranda stehen zwei Korbsessel, ein kreisrunder Tisch mit vielen Büchern und einem Tablett mit einer Kanne und zwei Tassen.

Ortheil: Während ich die Schokolade zubereite, darf ich Ihnen die Einrichtung dieses Gästehauses kurz erklären. Sie sehen, es handelt sich um einen Schlafraum mit angeschlossenem Bad und einer kleinen Veranda. Drei kleine Bibliotheken sind hier untergebracht, die erste ist dadurch entstanden, dass wir jeden unserer Gäste bitten, uns ein Buch seiner Wahl als Geschenk mitzubringen. Ich liebe diese sogenannte »Gäste-Bibliothek« ganz besonders, in jedem Buch ist das Datum des Geschenks und der jeweilige Gast vermerkt, der zudem noch einen kurzen Text über die Gründe, warum er gerade dieses Buch auswählte, hineingeschrieben hat. Die zweite Bibliothek ist eine typische Reise-Bibliothek, mit lauter Reise-Büchern über Reisen in alle Welt. Und die dritte, das ist eine kleine Italien-Bibliothek, mit Büchern über Italien-Reisen und im Besonderen mit Büchern über Rom und Venedig, meine beiden italienischen Lieblingsstädte.

Die Besucherin: Dann lassen Sie uns doch damit beginnen, mit Italien, mit Venedig. Eben haben Sie noch von den schö-

nen Venezianerinnen und ihrem morgendlichen Schokola-
den-Ritual gesprochen, tun wir es ihnen gleich, trinken wir
Schokolade und stellen wir uns vor, wir befänden uns auf
einer Fahrt in den Süden:

Gern, reisen wir also in den Süden, *Italia!* ... heißt, ganz pas-
send dazu, dieser Band hier mit kleinen Feuilleton-Texten, in
denen Alice Vollenweider von den »verborgenen Schönheiten Italiens« erzählt. Verborgene Schönheiten müssen nicht
immer abgelegene oder geheime Orte sein, manchmal sind
es auch längst bekannte und häufig frequentierte Zonen, bei
deren Besuch man auf den ersten Blick gar nicht bemerkt,
wie schön sie sind.

Die schönsten Bars Italiens zum Beispiel findet man in
Mailand, es sind diese blitzsauberen großen Bars mit Glas-
wänden und Glasfenstern und den meist weit geöffneten
Glastüren, durch die im Sekundenrhythmus die Gäste hinein-
und hinausgehen. Man bleibt für ein paar Minuten und bestellt genau das Getränk, das zur jeweiligen Tageszeit und zur
jeweiligen eigenen Verfassung passt, mal ist es ein einfacher
Espresso, mal ein Tomatensaft (natürlich mit Selleriesalz,
schwarzem Pfeffer und Zitronensauce), dann aber auch ein
erster Aperitif, den man eine halbe Stunde vor einer Mahlzeit
in einer Bar einnimmt, damit der in einem Restaurant folgende zweite schon eine Grundlage hat.

Alice Vollenweider führt den Leser von Mailand über
Venedig Richtung Rom, in Venedig mache ich etwas länger Station und lasse mir die Serenissima von Eva Demski
als *Salon der Welt* präsentieren. Die Präsentation erfolgt in
achtzehn Kapiteln, und jedes dieser Kapitel ist einer Venedig-
Phantasie gewidmet, einem Menschen, einem Ort oder auch
nur einem reinen Luftgebilde, jedenfalls erzählt Eva Demski

von Momenten und Räumen, die etwas Besonderes, typisch Venezianisches haben.

Eleonora Duse, Lord Byron oder E.T.A. Hoffmann tauchen wie Spukgestalten auf und erzählen ihre Venedig-Geschichten, und manchmal reicht auch nur ein unscheinbares Detail, um ins Staunen zu kommen: »Das venezianische Rot! Es ist eine Erd- und Fleischfarbe, von der Dunkelheit lang trockenen Bluts bis zu der Farbe, die entsteht, wenn man Kalbsbries in Milch einlegt, auch die Farbe der venezianischen Leber ist dabei und ein Hautrosa.«

Dass Wolfgang Koeppen immer wieder nach Venedig gereist ist, weiß man, Alfred Estermann aber hat die bereits veröffentlichten Venedig-Texte gesammelt und sie mit noch ungedruckten Manuskripten, Typoskripten und Fotografien aus dem Nachlass zu einem Band vereinigt. Besonders die Nachlasstexte geben einen guten Einblick in Koeppens Venedig-Faszination, immer aufs Neue setzt er an, um seine Beobachtungen zu fixieren, all diese Anläufe und Umwege zeigen ihn auf ganz direkte und ungefilterte Weise bei der Arbeit, man erkennt, wie er sich zu den stimmigen Formulierungen vortastet und der Sprache dann die jeweils treffenden Worte ablauscht.

Daneben sammelte er aber auch Lektüre-Exzerpte und allerhand Material für ein größeres Venedig-Buch, Goethe, Napoleon und immer wieder Casanova tauchen in diesen Notizen auf, jahrelang hat er sich anscheinend mit diesem großen Venedig-Projekt beschäftigt und die verschiedensten Zonen der Stadt unruhig umkreist. Irgendwann aber notiert er: »Warum schreiben Was ist Schriftsteller Was ist Schreibhemmung ...« – da sind die Zeichen der Resignation nicht mehr zu übersehen, das große Venedig-Buch ist nie zustande gekommen.

An den Reise-Kompositionen Rainer Maria Rilkes hätte

Koeppen seine Freude gehabt, denn Rilke war wie Koeppen ein emphatischer Spaziergänger und Entdecker, der ganze Stadtregionen auf ihre ästhetischen Valenzen hin testete. Birgit Haustedt hat Rilkes Eintauchen in den Kosmos Venedigs in einem schönen Band dokumentiert, der gleichsam den Extrem-Fall einer Stadtaneignung vorführt: Rilke studierte einzelne Zonen und Raumkomplexe bis in alle Details und porträtierte sie in Gedichten, Briefen und Prosa-Miniaturen. Zehnmal hielt er sich für jeweils längere Zeiträume in der Stadt auf, so dass die gegenseitige Anziehung schließlich immer mehr Züge einer erotischen Faszination annahm: »Denn wir werden nicht fertig miteinander von einem zum anderen Mal, und es wär gut zu wissen, was wir wollen, eines vom andern.« Oder – noch schöner – ganz so, als handelte es sich bei der Ankunft in der Stadt wahrhaftig um eine Wiederbegegnung mit einer Geliebten: »Samstag, herzklopfig, ein bischen so wie es sein wird wenn man in die Seeligkeit kommt …«

Die in München und Ligurien lebende Journalistin Dorette Deutsch hat dagegen ganz anders über Venedig geschrieben. In ihrem Buch erliegt sie nämlich nicht dem Vergangenheitszauber der Lagunenstadt mit all seinen verführerischen Nostalgien, sondern begibt sich gut informiert und aufmerksam recherchierend in die durchaus lebendige Gegenwart.

271 000 Einwohner leben inzwischen in der Comune di Venezia, aber nur noch 66 000 in der Altstadt. Längst ist sie zu einem einzigen großen Museum für Touristen geworden, das aus eigener Kraft nicht mehr bestehen könnte. Außer in Hotels, Restaurants und anderen touristischen Dienstbetrieben gibt es in Venedig kaum noch lohnende Arbeit, genau dieses fatale Ergebnis jahrzehntelanger Passivität hat jedoch seit Anfang der neunziger Jahre eine junge Generation von Städteplanern herausgefordert, die der Stadt ein anderes Gesicht geben möchten.

Dorette Deutschs Buch ist eine essayistische Gegenwarts-Reportage über Venedig im Umbruch. All die wegweisenden Veränderungen hinter den schönen Kulissen, von denen der normale Tourist nichts ahnt, sind das Thema. Sie spricht mit Städteplanern und Umweltschützern, mit Staatsanwälten und Gondelbesitzern, aber auch mit dem Kapellmeister von San Marco oder mit Marisa, die im Stadtteil Cannaregio ein legendäres, schon morgens gegen elf völlig überfülltes Restaurant betreibt, das daneben noch so etwas ist wie ein soziales Zentrum.

Auf ihre Art ist das auch *Harry's Bar*, der legendäre, kleine Salon, den Giuseppe Cipriani 1931 gegründet und den inzwischen sein ältester Sohn, Arrigo, übernommen hat. *Harry's Bar* ist eine Institution, seit den Tagen Hemingways, der hier viele Stunden verbrachte und eine Passage seines Romans *Über den Fluss und in die Wälder* in ihr spielen ließ, zieht sie vor allem die vermögenden Fremden an, die sich in den unveränderten holzgetäfelten Räumen wie Hemingway etwa einen Daiquiri servieren lassen (am 7.11.2003 kostete er abends, gegen 18 Uhr, 13 Euro).

Das Buch, das Arrigo Cipriani über *Harry's Bar* geschrieben hat, enthält zwar die legendären Rezepte seines Vaters (wie zum Beispiel das berühmte Carpaccio, jene hauchdünnen Scheiben von rohem Rindfleisch, die Vater Cipriani anläßlich einer Ausstellung des Renaissancemalers Carpaccio kreierte und die inzwischen in der ganzen Welt serviert werden), ist aber nur im Anhang ein schmales Kochbuch.

In den vorausgehenden 16 Kapiteln erzählt Sohn Arrigo die Geschichte der Bar, und er tut es auf so sympathische, lebendige und vor allem humorvolle Art, dass sein Buch zugleich auch eine Einführung in das venezianische Denken ist: »Es gibt die Seele, und es gibt die Dinge. Stell dir eine Welt vor, die nur aus Gegenständen besteht. Eine Welt unbenutzter

Dinge, ein Restaurant mit nichts als Tischen und Stühlen ...,
sie alle verlangen nach dem Dienst des Menschen.«

Von diesem sehr venezianischen Buch geht ein seltsamer
Wärmestrom aus, der so ganz im Gegensatz zu der morbiden
Kälte steht, die neuere Romane und Erzählungen gerade mit
Venedig verbinden. Louis Begleys Roman *Mistlers Abschied*
ist so ein Kälte-Roman, es ist die Geschichte des Werbefach-
manns Thomas Mistler, der sich nach einer Krebsdiagnose
noch einmal auf den Weg nach Venedig macht. Louis Begley
ist ein großer Liebhaber Venedigs, der viele der unauffälligen
Stadt-Rituale kennt, deshalb ist sein Roman mehr als nur
eine neue »Tod in Venedig«-Variante, er ist vielmehr eine
genaue Studie über das venezianische Lebensgefühl.

Kannte Heidegger dieses Gefühl? Sicher nicht, doch der
sensationellste Fund, den ich bei meinen Venedig-Recherchen
machte, ist eine völlig unbekannte Fotografie, die den großen
Philosophen in einer venezianischen Gondel zeigt. Das Foto
findet sich in einem von Wolfgang Ullrich herausgegebenen
Band mit vielen vorzüglichen Aufsätzen zu Heidegger, die
allesamt keine typischen Fach-Aufsätze, sondern von einer
wohltuenden Ironie grundierte Essays sind.

Endlich hat man einmal richtig Freude an Heidegger, man
sieht ihn in anderem, milderem und vor allem auch einmal
komischem Licht, daher schlug ich selbst immer wieder die
Seite mit dem Gondel-Foto (S. 148) auf, das übrigens aus
einem Archiv des Schriftstellers Arnold Stadler stammt. Da
sitzt er, der Philosoph, mit Baskenmütze und Brille, mit Re-
gencape und einem zufriedenen Lächeln. Venedig und sein
großer Fischmarkt sind ganz nah, aber das alles, man sieht es
genau, ist nichts für ihn, kein Nietzsche hilft oder lockt, kein
Gesang, stumm gleitet Heidegger an Venedigs Kulissen vorbei und hat (wie mir Arnold Stadler verriet, den ich wegen
des Fotos gleich anrief) nur eines im Sinn: Die Fähre nach

Griechenland, in das Land Heraklits, von anderer Schwere als jeder Cocktail in *Harry's Bar* ...

*

Wir sitzen auf dieser kleinen Veranda mit all diesen Büchern wahrhaftig wie auf dem Absprung nach Süden ...

Ja, genau, diese Veranda ist eine Art Sehnsuchts- oder Abflugraum, hier lese ich Reiseliteratur und schreibe über meine Lektüren, hier träume ich mich anderswohin.

Je älter ich werde, umso mehr denke ich übrigens darüber nach, ob ich es nicht bei diesem Träumen bewenden lassen sollte. Lohnt es sich wirklich, weite Reisen zu unternehmen? Oder reicht es nicht, wenn ich hier, an diesem wunderschönen Ort bleibe und in der Phantasie reise?

Letztlich könnte es sich bei diesen Fragen um den ewigen Streit zwischen »Vita activa« und »Vita contemplativa« handeln, der vor über siebenhundert Jahren bereits Francesco Petrarca plagte, auch Petrarca nämlich schwankte zwischen »Reisen« und »Ruhen«, zwischen »städtischem Leben« und »ländlicher Abgeschiedenheit«. Als er nicht mehr weiterwusste, setzte er sich einfach hin, wählte sich den großen Augustinus zum fiktiven Gesprächspartner und führte mit ihm ein Gespräch, das alle Nuancen seiner Selbstzweifel berührte: *Über den geheimen Widerstreit meiner Sorgen.*

Augustinus plädiert anfangs stark für das Reisen, vor allem dann, wenn es einem nicht gut gehe, Petrarca aber hält skeptisch dagegen, dass man gerade dann, wenn es einem nicht gut gehe, vom Reisen nichts habe. Also gut, lenkt Augustinus da plötzlich ein, nur der werde auf Reisen wahre Erholung finden, der sich auf diese Erholung bereits vorbereitet habe: »Wirf alles von Dir, was Deine Seele drückt, und dann reise weg ...«

Aber auch später haben die Dichter erstaunlich viel über das Reisen nachgedacht. Zu Goethes Zeiten fragte man sich immer wieder, ob man überhaupt reisen solle oder ob es nicht besser sei, zu Hause zu bleiben und sich nur mit dem Nächsten und Bekanntesten zu beschäftigen. Die realistische Skepsis gegenüber dem Reisen hielt lange an, denn die Angst vor den Gefahren überlagerte früher die Reiselust, und die negativen Aspekte überwogen bei weitem die wenigen positiven, die meist mit einem sich auf Reisen einstellenden Gefühl von Freiheit in Verbindung gebracht wurden.

Evelyne Polt-Heinzl und Christine Schmidjell haben in diesem kleinen Reise-Brevier, das ich hier in der Hand halte, das jahrhundertealte Philosophieren über das Reisen zusammengestellt. In den scharfen und blitzenden Beobachtungen meist essayistischer Art liefern sich die Reiselustigen mit den Skeptikern erbitterte Gefechte, der Reisende sei ein Verräter am heimischen Garten, schreibt etwa Peter Handke, und Friedrich Nietzsche mokiert sich über die Vergnügungs-Reisenden, die wie Tiere, dumm und schwitzend, einen Berg hinaufsteigen: »man hatte ihnen zu sagen vergessen, dass es unterwegs schöne Aussichten gebe.«

Einig aber sind sich fast alle im Lob der Fußreise, Johann Gottfried Seume hält das Gehen »für das Ehrenvollste und Selbständigste« und ist der Meinung, »dass alles besser gehen würde, wenn man mehr ginge«, während Adolph Knigge sogar eine lange Liste mit den Vorzügen des Gehens als der »angenehmsten Art zu reisen« anlegt und dabei besonders die Ungebundenheit des Gehenden hervorhebt.

Gut, all diese grundsätzlichen Überlegungen zum Reisen sind gewiss interessant, ich melde jetzt aber einmal Bedenken in anderer Hinsicht an. Ich kann mich nämlich gut an Reise-literatur erinnern, die entsetzlich langweilig war, ja, genau, gerade Reiseliteratur hatte oft etwas geradezu erstickend Langweiliges ...

Da gebe ich Ihnen sofort recht, gerade Reiseliteratur kann entsetzlich langweilig sein. Die Aufzählung und Aneinanderreihung von Fakten und Orten, das langatmige Beschreiben von Wegen und Seitenwegen – all das macht viele Reisetexte zu staubtrockenen und gerade noch vor Ort erträglichen Führern, die man nach der Heimkehr in den letzten Winkeln der Bibliothek unterbringt, wo sie bis zum nächsten Aufbruch vor sich hin dämmern.

Auch die »poetische Reiseliteratur«, die sich der üblichen Mängel der Reisetexte bewusst ist, bietet übrigens oft nicht mehr als etwas Wortschwelgerei, die ferne Fremde wird ausgemalt oder hymnisch vergegenwärtigt, was aber nicht darüber hinwegtäuschen kann, dass diese Fremde für sich betrachtet noch kein literarisches Sujet darstellt. Zu einem solchen wird sie nur durch die Kunst der Erzählung oder durch eine philosophische Anschauung, die das Gesehene deutet und liest und ihm dadurch seine aufdringliche Zufälligkeit nimmt.

Ich möchte Ihnen anhand von zwei Meisterwerken der Reiseliteratur zeigen, was genau ich damit meine. Hier, diese beiden Werke stammen von dem französischen Schriftsteller Pierre Loti (1850–1923), der von Ende Februar bis Ende März 1894 zunächst den Sinai durchzieht und sich im darauf folgenden Monat dann Jerusalem nähert. *Die Wüste* und *Jerusalem* sind zwei Bücher, die zwar der Chronologie der Reise folgen, die Landschaften aber als große, spirituelle Erfahrungsräume verstehen.

Im Falle Lotis erreicht das eine begeisterte Wahrnehmung, die das Einzigartige und Wunderbare der Fremde ununterbrochen entziffert und dann auf emphatisch forschende

Weise als Bestandteil einer anderen Kultur untersucht. Hinzu kommt aber noch, dass Loti seine Reise im Heiligen Land als eine Pilgerreise versteht, die ihn den Wurzeln des christlichen Glaubens näher bringen soll. Als »moderne Seele« hat er diesen Glauben verloren, sehnt sich aber noch immer nach seiner verloren gegangenen Kraft, so wird die Reise zum romantischen Versuch, durch die Erfahrung einer Landschaft und ihrer Menschen einzutauchen in die verlorene Mystik der frühsten Botschaften.

In den Erzählungen der großen Reisenden hält ein solcher spiritueller Furor die einzelnen Stationen zusammen und verbindet sie zu Wegmarken einer immer intensiver und brennender werdenden Suche. Nicht die geographischen oder historischen Besonderheiten der Fremde stehen dann im Mittelpunkt des Interesses, sondern ihre Tiefenschichten, ihr mythischer Fond. Mit ihm versucht der Reisende, Kontakt aufzunehmen, um verwandelt, bekehrt oder erneuert zu werden, während ihm all sein kluges Wissen höchstens nur Bruchstücke des Erkennens auf diesem Weg anbietet.

Der Hintergrund eines solchen Reisens ist wohl in der Tat die Pilgerreise: Reisen als spirituelle Suche ..., dabei stellt man sich übrigens meist einen Reisenden vor, der allein reist ...

Unbedingt! Ich selbst erinnere mich übrigens nicht gern an Reisen zu dritt und zu viert, denn in solchen Fällen musste man höllisch aufpassen, nicht in falsche Gesellschaft zu geraten. Es gibt Menschen, die sich auf Reisen vollkommen anders als erwartet benehmen und zu komplett abstoßenden Reisebegleitern werden, selbst der beste Freund kann sich auf einer langen Reise in einen anderen Menschen verwandeln, mit dem man nachher nie mehr etwas zu tun haben möchte.

Ein wichtiges Moment des Vergnügens, nur mit sich selbst zu reisen, über das Susi und Katja Piroué übrigens ein Buch geschrieben haben, das bereits hier auf dem Tisch liegt, ist die resolute Trennung von dem meisten, was uns sonst so beschäftigt. Niemand läuft neben uns her und erzählt laufend von zu Hause und all dem Kram, der ihm durch den Kopf geht – nein, wir können uns endlich ganz und gar auf das konzentrieren, was uns umgibt.

Zum vollkommenen Allein-Reisen gehört natürlich auch das Schreiben. Anfänger schreiben wie Pubertierende ausschließlich abends, als ginge es nur darum, den Tag Revue passieren zu lassen, Fortgeschrittene begleiten den ganzen Tag mit brillanten Notizen, die Könner aber schreiben noch in mehr als 7000 Meter Höhe zu jeder Tages- und Nacht-Zeit, warten Sie, ich lese es Ihnen jetzt vor: »Anfangs Bruchharsch, unter der Schaumrolle durch, riesige Wächten mondhell, dann am Grat weiter, sehr hart, leg Steigeisen an. Südseitig tiefer Schnee, zunehmend scharfer Wind v. Süden.«

Was ist denn das? Sind das Bergsteiger-Notizen?

Ja, genau, diese knappen Notizen stammen von Hermann Buhl (1924–1957), der den 8125 Meter hohen Gipfel des Nanga Parbat nach siebzehnstündigem Alleingang als Erstbesteiger am 3. Juli 1953 erreichte. Buhl hat über seine legendären Bergtouren einen Bestseller geschrieben (*Achttausend drüber und drunter*), der erst vor Kurzem um seine Tagebuchaufzeichnungen vom Nanga Parbat, Broad Peak und von der Chogolisa ergänzt wurde. Allein schon bei Betrachtung der herb-schönen Schwarz-Weiß-Fotografien der Eiger-Nordwand, der Watzmann-Ostwand im Winter oder der Nordwand der Westlichen Zinne in den Dolomiten wird einem ganz schwach und mulmig, erkennt man doch plötzlich, dass wir all diese Super-Steilwände nur allzu gut kennen: Richtig, in unseren schlimmsten Träumen hängen wir mutterseelen-allein in genau solchen Rissen und Felsspalten und wissen nicht vor noch zurück.

Buhls nackte, geradezu auf ein Minimum der Orientierung reduzierte Notizen sind für mich eine Art Urschrift der Reise, die man allein unternimmt: Der Pfad, der Weg, der Stein, der Berg, das Wetter ... – es geht um die reine Fortbewegung, um die Eroberung des Fremden mit dem gesamten, zum Einsatz gebrachten Körper ...

Sie vergessen das Reisen zu zweit, das Reisen zu zweit ist doch eigentlich das schönste Reisen, finden Sie nicht?

Genießen Sie die Schokolade?

Aber ja, ich genieße diese herrliche Schokolade und unsere Reise zu zweit durch die Bücherwelten ...

Das Reisen zu zweit, natürlich ... – in den Tagen, als man noch sehr, sehr verliebt war, kam gar nichts anderes in Frage als das Reisen zu zweit. Im Grunde war es sogar egal, wohin und wie weit man reiste, die Hauptsache war die Nähe der oder des Geliebten, die jede fremde Umgebung sofort in eine vertraute Umgebung verwandelte. Die Liebe filterte alles Störende weg, lange Wege, schlechtes Essen, miese Unter-kunft – das machte einem alles nichts, denn man bemerkte es ja nur am Rande, weil man mit anderem beschäftigt war und die Liebe sowieso alles verklärte.

Nehmen Sie aber bitte auch dieses Buch hier, Peter Careys *Wrong about Japan*, einmal in die Hand, es ist eine besonders schöne Geschichte einer Reise zu zweit, nämlich einer Reise von Vater und Sohn, die zusammen in die Ferne aufbrechen.

»Hättest du Lust, nach Japan zu fliegen?«, fragt Carey darin seinen kleinen Sohn Charley, der längst ein Fan von japanischen Comics ist und sich im Grunde nichts sehnlicher gewünscht hat als eine solche Reise. Natürlich will Charley also nach Japan, aber er will keine Tempel und Museen und auch sonst nichts vom angeblich »Echten Japan« sehen, sondern viel lieber coole Comics kaufen, rohen Fisch essen und am liebsten mit den besten Mangakünstlern und Anime-Regisseuren persönlich sprechen.

Zu Beginn der Reise interessiert sich Vater Peter Carey kein bisschen für die Leidenschaften seines Sohnes, dann aber vertieft er sich selbst in all die gezeichneten Geschichten und ihre Hintergründe, so dass die Reise der beiden zu einer Reise in die japanischen Gegenwartskulturen wird, zu deren Verständnis der Sohn mindestens ebenso viel beiträgt wie der Vater. Denn natürlich ist es Charley, der rasch begreift, wie man japanische Handys bedient, was die kleinen Ketten bedeuten, die an ihnen hängen, und wie man mit ihnen englische Texte verschickt. Vor allem aber ist Charley der beste Interpret und Gesprächspartner der japanischen Künstler, denen die beiden dann in großer Zahl begegnen, so dass ihre Reise zu einem wirklichen Forschungsabenteuer wird, das auch Leser mit geringem Interesse für Pokémons und Anime begeistert ...

Und ganz zuletzt, ganz zuletzt stelle ich Ihnen noch ein Buch über die *Kunst des Reisens* vor, die kein anderer Autor so raffiniert und gescheit beschrieben hat wie Alain de Botton. Bei seinen Streifzügen durch die Fremde konzentriert er sich jeweils auf einen Aspekt – das Exotische, das Erhabene oder das Schöne – und wählt sich dann einen bekannten Führer, dessen Reiseberichte ihn in die Zentren seiner ästhetischen Reise-Erfahrungen begleiten. So studiert de Botton mit den Augen John Ruskins Venedig, so reist er mit Flaubert durch Ägypten, so öffnen ihm die Bilder van Goghs die Augen für seine eigenen Bilder von der Provence.

Bei alldem wird Alain de Botton nie anekdotisch, seine Reisestudien sind vielmehr philosophierende Erzählungen, die den jeweiligen Reisen Charakter und Struktur verleihen. Dadurch stehen sie gleichsam im Zeichen einer Idee oder eines Vorhabens und werden durch ihre neugierig-erkundende Art einmalig und im besten Sinne »besonders«. Ich lese Ihnen eine kurze Passage vor, hören Sie: »Ich stieg über das niedrige Geländer und watete durch den Sand. Die Natur hatte nie bessere Werke getan. Es war, als wolle sie mit der Schaffung dieser hufeisenförmigen Bucht Abbitte leisten für ihre schlechte Laune in anderen Regionen und einmal nur mit vollen Händen herschenken. Die Kokospalmen spendeten Schatten und Milch, der Meeresboden war mit Muscheln übersät, der Sand war pudrig-fein und gelb wie sonnengereifter Weizen …«

Ja, das ist Reiseliteratur, die einem die Reise vielleicht wirklich ersetzt, weil sie die Umgebung nicht beschreibt oder schildert, sondern im wahrsten Sinne des Wortes »vor Augen führt«. Wie aber steht es mit den »Reisegeschichten«, wie würden Sie die »Reisegeschichten« voneinander unterscheiden?

Eine astreine Reise-Geschichte handelt ausschließlich vom Reisen, sie blendet den banalen Alltag weitgehend aus und unterhält uns mit überschaubaren Abenteuern in einem attraktiv-überschaubaren Raum. Charlotte Brombach und Julia Ketterer haben einmal unter dem Titel *Fahrtwind* solche Erzählungen zusammengestellt. Die besten von ihnen kommen sofort zur Sache: »Stundenlang waren wir schweigend durch die Wüste gefahren« (Karen Duve), »Es war meine erste Fahrt zum Gran Sol« (Manuel Rivas), »›Wohin wollen

Sie denn, honey?‹ fragte die grün uniformierte Frau von der Autovermietung und schob Charlotte eine Karte von New Mexico über die Theke« (Doris Dörrie).

Wichtig ist, dass die Personen von Anfang an eine gewisse Neugierde zeigen und später jederzeit die Fassung bewahren. Ruhig, gaaanz ruhig präsentiert sich der oder die Reisende, und der Erzähler würzt diese Ruhe mit einer Spur Lakonie, schmeißt seinen Figuren aber einen Stolperstein nach dem andern in den Weg. Fünfzig Grad – und wie weiter? Ein Eisensplint – und wie verspleißt man das Stahlkabel? Der Highway 66 – und wie geht man ihn zu Fuß Richtung Stadt, wenn überall ein paar Navajo-Frauen herumsitzen?

Ein Unter-Genre der astreinen Reise-Geschichte ist die tropische, eine Anthologie solcher Geschichten ist dieses Buch hier mit dem Titel *Trópico!*. Anders als die astreinen betonen die tropischen Reise-Geschichten das Überraschungs-Moment, außerdem sind sie oft auch etwas frivoler und zickiger. Navajo-Frauen am Straßenrand würden in einer tropischen Reise-Geschichte nie auftauchen, stattdessen treffen wir eher auf Martiniqueserinnen mit einem absolut raren Geheimwissen über das Nachtleben von Vogelspinnen.

Immer wieder begegnet man außerdem dem erzählerisch ungemein fruchtbaren Umstand, dass es monatelang gar nicht oder ununterbrochen regnet, solche Wetter-Umstände sorgen für Überreizung oder eine gewisse Motiv-Überblähung, dann trinkt man Guavensaft aus sehr großen Tassen oder lebt drei Jahre mit Schafen, während die Herde dramatisch schrumpft. All diese Besonderheiten machen die tropische Reise-Geschichte minimalistisch, oft ist es schwül, schwül und noch einmal schwül, so dass auch ein Satz wie »Talpa ist weit, aber näher als Zenzotla« keine Erlösung verheißt.

Ganz anders dagegen die psychologischen Reise-Geschichten, solche finden Sie in diesem Band hier mit dem Titel *Ferien zu zweit*. In der psychologischen Reise-Geschichte geht es nur auf den ersten Blick um die Reise, in Wahrheit lauern aber an allen Ecken und Enden die lieb gewordenen, alten Konflikte, die eine raffinierte Reise-Dramaturgie in aktuelle Fragen übersetzt: Reise ich nun mit dem Ex oder lieber doch allein mit dem Kanu, begleite ich als Vater meine pubertierende Tochter oder suche ich die Liebe in einer ökologisch einwandfreien Berghütte?

»Zwischen den Bäumen hindurch sah ich Monikas gelbe Regenjacke«, eröffnet Peter Stamm seine typisch psychologische Reise-Geschichte, und wir ahnen gleich, dass Monika sowieso und ihre gelbe Regenjacke erst recht uns keinerlei Reise-Frieden gönnen werden, denn die psychologische Reise-Geschichte verzichtet nicht auf »Probleme«, sondern kümmert sich sehr solide um den Mief, den wir auf Reisen so gerne loswerden würden. Mief-Bewältigung und Abarbeiten der Standards bei gleichzeitigem Aufbruch zu neuen Ufern ist daher ihre Perspektive, mustergültig lässt zum Beispiel Tove Jansson seine Figuren das neue Venedig direkt vor der eigenen Haustür erbauen: »Wie viel ist euer Haus heute gesunken?«, ruft man sich zu, und die Antwort muss lauten: »Ach, es ist nicht allzu schlimm.«

Zum Schluss noch ein Blick auf die spanische Reise-Geschichte. Anders als etwa die italienische oder die griechische wurde sie lange Zeit unterschätzt. Isabel Pöhlmann hat mit diesem Lesebuch hier eine Lücke geschlossen. Dieses Buch informiert uns nicht nur über die Gegenwart, sondern gleich über Spanien-Reisen der letzten drei Jahrhunderte. Mit Johann Jacob Volkmann fing alles an, Madrid war bei ihm noch ein »Flecken«, die meisten Straßen waren »breit und gerade«, und die Einwohner tranken das gute Wasser und fast gar keinen Wein.

Eindeutig, geradlinig und urtümlich präsentiert sich uns die spanische Reise-Geschichte also schon in ihren Anfängen, sie hasst das Raffinement und arbeitet mit kräftigen, klaren Akzenten, genau so hat sie sich auch durch die Zeiten erhalten: »Ich ging auf den Albaicin«, schrieb Alfred Kerr und trotzte so jedwedem Bild und Vergleich, um nur noch einen Punkt zu setzen: Albaicain, Punkt, aus.

*

Ich sehe, dass Sie Ihre Schokolade ausgetrunken haben, deshalb möchte ich das Thema *Reisen* nun abschließen und Ihnen noch einen anderen Raum zeigen. Ich möchte Sie nämlich bitten, mich zu meinem Arbeitszimmer zu begleiten. Es befindet sich dort drüben, in dem frei stehenden, etwas größeren zweigeschossigen Gartenhaus. Wenn Sie einverstanden sind, möchte ich dort mit Ihnen über *Das Lesen an und für sich* sprechen. Ich weiß, das hört sich verdammt deutsch und schwerfällig an, so meine ich es aber nicht, ich meine eher, dass wir uns jetzt, nach all diesen weit ausholenden Gängen, einmal ganz auf das Lesen und den Lesevorgang selbst konzentrieren sollten.

Sehr gern, aber ich habe noch eine Bitte. Wir haben diesen Gang mit einem italienischen Entrée eröffnet, schließen wir ihn bitte auch damit ab, mit einer letzten, kurzen Lektüre-Empfehlung …

Das freut mich, dass Sie sich so etwas wünschen, und ich habe auch genau die richtige Schluss-Empfehlung. Italo Svevo liebe ich von allen italienischen Schriftstellern mit am meisten, seine *Kurze sentimentale Reise* beginnt auf dem Bahnhof von Mailand, wo sich Herr Aghios von seiner Frau verabschiedet und dann in der Menge untertaucht. »Herr

Aghios fühlte, wie sich der lachende Beobachter in ihm selbst herausbildete« – das ist so etwas wie ein erstes Signal für Svevos Erzählen, ein lachender, stiller Beobachter mischt sich unter das Volk und fährt von Mailand nach Triest.

Auf der Reise muss man sich Freunde erwerben, sagt sich Herr Aghios, sonst durchwandert man diese Erde »mit dem finsteren Ausdruck des Fremdlings«. Schon ist auch der erste Gepäckträger zur Stelle, den man sich zum Freund machen könnte, fehlt nur noch das angemessene Trinkgeld, das die neue Freundschaft besiegelt. Herr Aghios, bemerken wir also gleich, spielt souverän mit den Riten, wenn er endlich im Zug ist, nimmt er nicht einfach irgendwo Platz, sondern macht sich an die Arbeit: »Nun galt es, sich einen Sitzplatz zu verschaffen ...«

Spuren einer feinen, kaum merklichen Komik durchziehen Svevos Erzählung vom Reisen, manchmal kommt sie Kafkas Komik sehr nahe, sie ist vornehm, zurückhaltend, und sie hat genau die richtige Dosis, um das Reisen zu jener luftigen, frei schwebenden, leichten Sache zu machen, wie man sie jederzeit gern erleben möchte.

Bücher-Menu 8

Alice Vollenweider: *Italia!* Frankfurt/M. 2006; Eva Demski: *Venedig. Salon der Welt.* Frankfurt/M. 2006; Wolfgang Koeppen: *Übers Jahr vielleicht wieder in Venedig.* Phantasien über eine Traumstadt. Hrsg. von Alfred Estermann. Frankfurt/M. 2006; Birgit Haustedt: *Mit Rilke durch Venedig.* Frankfurt/M. 2006; Dorette Deutsch: *Gebrauchsanweisung für Venedig.* München 2007; Arrigo Cipriani: *Harry's Bar.* Aus dem Amerikanischen von Gabriel Stein. München 2006; Louis Begley: *Mistlers Abschied.* Frankfurt/M. 2003; Wolfgang Ullrich (Hrsg.): *Verwindungen. Arbeit an Heidegger.* Frankfurt/M. 2003;

Francesco Petrarca: *Über den geheimen Widerstreit meiner Sorgen*. In der Übersetzung von Hermann Hefele herausgegeben und mit einem Nachwort versehen von Horst Günther. Frankfurt/M. 2004; Evelyne Polt-Heinzl/Christine Schmidjell (Hrsg.): *Kleine Weisheiten für Reiselustige*. Stuttgart 2005; Susi Piroué/Katja Piroué: *Vom Vergnügen, mit sich selbst zu reisen*. Piper, München 2005; Hermann Buhl: *Achttausend drüber und drunter*. München 2008; Peter Carey: *Wrong about Japan*. Eine Tokyoreise. Aus dem Englischen von Eva Kemper. Frankfurt/M. 2007; Alain de Botton: *Kunst des Reisens*. Aus dem Englischen von Silvia Morawetz. Frankfurt/M. 2006; *Fahrtwind. Geschichten vom Abfahren und Ankommen*. Hrsg. von Charlotte Brombach und Julia Ketterer. Frankfurt/M. 2004; *Trópico! Geschichten von Hitze und Regen*. Hrsg. von Corinna Santa Cruz. Frankfurt/M. 2004; *Ferien zu zweit*. Hrsg. von Holger Wolandt. München 2003; *Spanien. Reise-Lesebuch*. Hrsg. und mit einem Nachwort versehen von Isabel Pöhlmann. München 2004; Italo Svevo: *Kurze sentimentale Reise*. Aus dem Italienischen von Piero Rismondo. Frankfurt/M. 2003

Vom Lesen an und für sich

Stuttgart. Das große, hoch gelegene Gartengelände mit Blick auf die Stadt, später Morgen. Ein zweigeschossiges Gartenhaus, quer zum Hang.

Ortheil: Bitte treten Sie ein, das hier ist mein eigentliches Arbeitszimmer, es ist der Raum, in dem ich mich am häufigsten aufhalte. Und Sie sehen – auch in diesem Raum gibt es eine sehr bunte Bibliothek, und zwar eine Bibliothek von Büchern, die ich immer in meiner Nähe haben möchte: Lexika, Wörterbücher, Überblicksdarstellungen, philosophische Texte, diese Bibliothek ist sehr gemischt, und sie orientiert sich mit Ausnahme der nützlichen Nachschlagewerke ausschließlich an meinen Vorlieben.

Daneben gibt es einen sehr großen Schreibtisch, einen bequemen Lese-Sessel und eine Liege.

Die Besucherin: Es ist ein Studienraum, ein typischer Studienraum, eine Werkstatt. Lesen und schreiben – beides scheint hier ineinander überzugehen.

Ja, es ist ein Raum, in dem das Lesen vor allem als ein Studium betrieben wird. Deshalb möchte ich hier auch gerne mit Ihnen über das Lesen an und für sich sprechen, darüber also, was mir am Lesevorgang selbst aufgefallen ist.

Eins möchte ich vorher noch sagen: Anders als von den anderen Räumen, in denen wir uns bisher aufgehalten haben, können Sie von hier aus nicht ins Tal schauen.

Richtig, dieses Haus steht quer zum Hang, das heißt also: Ich schaue auf die schräg abfallende Hanglinie, der Blick ist begrenzt, er wird nicht durch einen weiten Blick abgelenkt.

Und was für ein Raum befindet sich unter diesem Arbeitszimmer?

Das Musikzimmer. Unter meinem Lesen und Schreiben brodelt die Musik, wie ein Herdfeuer, das Lesen und Schreiben antreibt und erwärmt …

Ich verstehe. Sprechen wir also nun über das Lesen an und für sich, wie Sie es nennen. Ich möchte mit einer ganz einfachen Orientierungs-Frage beginnen: Wie haben Sie Lesen gelernt? Haben Ihre Eltern viel dazu beigetragen, dass Sie ein so gieriger Leser geworden sind? Oder gab es auch andere Menschen, die Ihre Leselust angefacht haben?

Das wilde Lesen, das ich, wie Sie ja nun bereits wissen, besonders mag, habe ich als Kind an meiner Mutter beobachten können. Meine Mutter war von Beruf Bibliothekarin, viele Jahre ihres Lebens hat sie eine katholische Pfarrbibliothek in ihrem westerwäldischen Heimatort geleitet. In den dreißiger Jahren des vergangenen Jahrhunderts war das die einzige größere Bibliothek des Ortes, mit einem sehr gemischten Publikum, also Leserinnen und Lesern mit ganz verschiedenen Interessen.

Um sie alle gut beraten zu können, konnte meine Mutter gar nicht gezielt oder nur auf gewisse Themen hin konzentriert lesen, nein, sie musste im Grunde einfach alles lesen oder zumindest anlesen. Alles, was an neuen Büchern hereinkam, musste sie zur Kenntnis nehmen, und sie musste gleichzeitig ein feines Gespür dafür entwickeln, welches Buch sie welcher Person empfehlen sollte. Der geliebte Beruf hat also ihr Lesen geprägt: Sie hatte einfach große Freude an den unterschiedlichsten Genres, und sie war eine Psychologin des Lesens.

Hat Ihre Mutter den Beruf noch ausgeübt, als Sie ein Kind waren?

Nein, meine Mutter konnte ihren Beruf in dieser Zeit nicht mehr ausüben, weil sie die Sprache verloren hatte. Meine Mutter hat im Zweiten Weltkrieg zwei Söhne noch im Kindesalter verloren, und in den ersten Nachkriegsjahren sind noch einmal zwei Söhne kurz nach der Geburt gestorben. Das Entsetzen hat meine Mutter stumm gemacht, ich bin mit einer stummen Mutter aufgewachsen, und da ich in einer engen Symbiose mit ihr aufgewachsen bin, war ich selbst ein stummes Kind oder ein Mutist, wie man es wohl medizinisch nennen würde.

Ihre Mutter war stumm, hat aber dennoch gelesen?

Richtig, meine Mutter sprach nicht, aber las ununterbrochen, jeden Tag. Ich habe unendlich viele Bilder meiner lesenden Mutter in Erinnerung, ja, ich habe sie aus der Kindheit eigentlich vor allem als Lesende in Erinnerung. Sie liegt auf einem Sofa und liest unbeweglich stundenlang. Sie wechselt den Platz, setzt sich ans Fenster und liest. Sie geht mit mir spazieren, wir setzen uns auf eine Bank, und sie beginnt zu lesen. Wir gehen zusammen in ein Café, und sie liest.

Und wie hat dieses ununterbrochene Lesen auf Sie gewirkt?

Ich fand es sehr faszinierend und geheimnisvoll. Was ist da los? – so eine Frage ging mir immer wieder durch den Kopf. Was geschieht da genau? Und was erzählen ihr die Bücher? Ich habe meine Mutter um das Lesen beneidet, ich hätte auch gerne gelesen, ich hätte viel gegeben, um ebenfalls von dieser anscheinend so verführerischen Droge kosten zu können.

Hat sie Ihnen das Lesen beigebracht?

Nein, wie hätte sie das tun können? Die Situation war in gewissem Sinn peinigend und schlimm: Ich beobachtete Tag für Tag eine Lesende, ich sah, dass Lesen ein ungeheurer Genuss sein konnte, und ich musste gleichzeitig hinnehmen, dass ich von diesem Genuss ausgesperrt blieb.

Und Ihr Vater? Hat Ihr Vater Ihnen denn nicht geholfen?

Mein Vater war als Leser-Typus genau das Gegenteil von meiner Mutter, er war kein wilder Leser, er war ein Leser, der seine Lektüren sehr sorgfältig und pragmatisch auswählte. Von Beruf war er Geodät, ein Ingenieur also, der fast ausschließlich Sachbücher las, sehr zweckorientiert, sehr auf Information und Sachkenntnisse hin ausgerichtet.

Als ich in die Volksschule ging und dort nicht lernen wollte, sondern stumm blieb, hat mein Vater mit etwas Nachdruck versucht, mir das Lesen beizubringen. Anfangs habe ich darauf nicht reagiert, ich habe in diesem frühen Volksschulalter auf gar nichts reagiert, ich war ein Mutist, der sich ganz aus der Welt zurückgezogen hatte und in einem stummen Reich zusammen mit seiner schönen Mutter lebte. Meine Mutter sprach nicht, also gab auch ich keinen einzigen Laut von mir. Ich verstand alles, was um mich herum gesagt wurde, aber ich antwortete nicht, ja ich machte nicht die geringsten Anstalten, mich irgendwie zu äußern.

Und wie haben Sie dann doch lesen und vor allem schreiben gelernt?

Ich möchte an anderer Stelle einmal genauer davon erzählen, deshalb haben Sie bitte Verständnis, wenn ich jetzt nur kurz antworte: Meinem Vater ist es gelungen, mir das Sprechen, Lesen und Schreiben beizubringen, ihm ist es gelungen, meinen Widerstand zu brechen, und zwar ohne Gewalt, auf eine unglaublich aufopferungsvolle, mühevolle Art. Mit sieben, acht Jahren konnte ich plötzlich alles zugleich: Sprechen, lesen, schreiben, das war dann meine Trias, von da an habe ich nie aufgehört, all diese drei Tätigkeiten als Einheit zu sehen und sie alle drei möglichst zusammenhängend zu betreiben.

Was meinen Sie mit »möglichst zusammenhängend«?

Um diese Frage zu beantworten, muss ich etwas ausholen, ich denke aber, dass uns dieses Ausholen genau ins Zentrum unseres Themas führen wird. Ich möchte mich dem Lesevorgang nämlich durch einen Blick auf das Lesenlernen nähern. Wir alle haben wahrscheinlich noch eine starke Erinnerung daran, welche Mühen uns das Lesenlernen einmal in der Schulzeit gekostet hat. Erst der einzelne Buchstabe, dann das Wort, dann der Satz, dann der erste kleinere Text mit seiner Folge von Sätzen: Das waren schwere Operationen, es war, als werde man von dem mächtigen und sehr fremden System der Sprache so lange erzogen und bearbeitet, bis die Lesesonde, das lesende Auge, endlich in den zuvor noch naiv agierenden Körper eingepasst war.

Sie meinen, das Lesenlernen macht mit einer bestimmten frühkindlichen Naivität Schluss ...

Ja, denn dem lernenden Kind wird plötzlich klar, dass es sich, um zu lesen und zu verstehen, zusammennehmen und damit bisher wenig eingeübte Fähigkeiten trainieren muss. Nimm dich zusammen! ..., so lautet ja oft der Befehl, sitz still!, konzentriere dich! Der lesende Mensch ist nicht in Bewegung, er sitzt still, und er vollzieht etwas nach. Seine gesamte Energie wird auf ein einziges Moment hin konzentriert, darauf, etwas zu verstehen.

Aber lassen Sie uns diese frühen Lernvorgänge noch genauer beobachten. Was spielt da alles zusammen? Zunächst einmal spricht die Lehrerin den Schülern den Buchstaben vor: »A«, immer wieder: »A«. Die Schüler müssen den Klang des Buchstabens hören und wiedererkennen, und sie müssen dieses Wiedererkennen beweisen, indem sie dann selbst den Buchstaben sprechen: »A.«

Sie müssen ihn aber nicht nur akustisch, also mit dem Ohr, aufnehmen, sie müssen ihn auch optisch, also mit dem Auge, erkennen. Wenn sie das geschafft, wenn sie die besondere Gestalt des Buchstabens erfasst haben, müssen sie ihn schreiben. Nach Ohr und Auge kommt nun also die Hand ins Spiel, die Hand muss den Stift so führen und lenken, dass der jeweilige Buchstabe auf dem Papier erscheint. Auch das ist kein einfacher Vorgang, die Schüler brauchen dafür lange Zeit, es handelt sich um einen Vorgang, der intensiv und über viele Monate geübt werden muss.

In den frühsten Prozessen des Lesenlernens ist das Lesen also eingebettet in eine Trias. Diese Trias besteht aus Sprechen, Lesen und Schreiben, alle drei Vorgänge hängen eng miteinander zusammen und gehen ineinander über. Sie bilden gleichsam den elementaren, den Ur-Zusammenhang des

Verstehens und Erlernens von Sprache. In späteren Jahren geht dieser Zusammenhang dann allmählich verloren, die Trias bricht auseinander, und Sprechen, Lesen und Schreiben werden zu isolierten Tätigkeiten, die nur noch eine schwache Verbindung miteinander haben.

Das Lesen zum Beispiel wird dann ganz und gar zu einem Verstehen-Wollen, es gerät in den Herrschaftsbereich des »Ich muss / soll / will verstehen«. Es geht um das Nachvollziehen dessen, was ein Text »sagen will«. Was will mir der Text oder der Autor sagen? – das ist ja die totgeleierte Frage. Der Schüler soll die »Aussage« eines Textes erkennen und nachvollziehen – daraus besteht die Tyrannis unendlich vieler Schulstunden im Fach Deutsch, in denen es um das angeblich »richtige« oder »angemessene Verstehen« geht. Und wehe, der Schüler versteht anders oder falsch! Dann kennt man keinen Spaß mehr, dann hört der Lese-Spaß auf ...

Die Reduzierung des Lesens auf das »richtige Verstehen« eines Textes ist eine der grausamsten Disziplinierungen des Lesens überhaupt, sie ist der Grund dafür, dass Schülerinnen und Schüler mit den Jahren immer lustloser und schließlich überhaupt nicht mehr lesen. Stattdessen leiden sie unter »Interpretations-Stress«, kein Text ist mehr vor dem »Interpretiert-Werden« sicher, alles, aber auch alles gerät in die knirschenden Mühlen der zähen Interpretation. Und die haben wiederum ihre eisernen Regeln, die man dann Punkt für Punkt abarbeiten muss. So etwas ist doch eine Schande.

Was schlagen Sie denn stattdessen vor? Wie sollte man in den Schulen lesen?

Das kann ich Ihnen hier nicht in aller Kürze erläutern, darüber werde ich vielleicht einmal ein eigenes Buch schreiben. Es liefe darauf hinaus, einen völlig anderen »Umgang mit

Texten« zu lehren, einen »Umgang«, der nicht vom »Verstehen-Müssen« dominiert und wieder mit Sprechen und Schreiben verbunden wird.

Sie müssen sich nur einmal anhören, wie Schüler nach vielen Jahren Unterricht Texte vorlesen, es ist ein Graus, sie können im Grunde die Texte gar nicht laut lesen, sie können sie nicht »sprechen«, und sie beherrschen das freie Sprechen auch unabhängig von bestimmten Texten nur schlecht. Um das Schreiben ist es noch viel schlimmer bestellt, Schüler haben selbst nach dem Besuch von acht oder neun Jahren Gymnasium nicht die mindeste Ahnung davon, was gutes Schreiben ist. Und in der Praxis beherrschen sie es erst recht nicht, sie können es einfach nicht.

Das heißt: Ich würde das Lesen zum einen wieder in Berührung mit der Rhetorik, der Lehre vom eleganten Sprechen und Reden, bringen, und ich würde es zum anderen wieder mit dem Schreiben verbinden. Ich würde die frühe Trias des Lesenlernens, die, wie wir ja gesehen haben, aus Sprechen, Lesen und Schreiben besteht, wiederherstellen und darauf drängen, Ohr, Auge und Hand gleichermaßen zu aktivieren.

Das alles würde eine partielle Rückkehr zu bestimmten Momenten des antiken Lesens mit einschließen. Seltsam ist doch, dass uns aus der Antike kaum Darstellungen des einsamen Lesens bekannt sind. Wenn das Lesen auf Abbildungen erscheint, ist der Leser vielmehr meist in Gesellschaft. Er ist also zum Beispiel ein Schüler, der sich in einer Lesegemeinschaft mit anderen Schülern befindet. Meist ist diese Lesegemeinschaft auf einen Lehrer hin ausgerichtet, sie artikuliert sich im Gespräch, und das Lesen ist eingebettet in Gesprächsformen und damit in die mündliche Rede.

Das Lesen ist in diesen Zeiten also ein Teil des Gesprächs und des Sprechens, es entsteht aus dem Gespräch und mündet in das Gespräch, es wird durch das Gespräch und das

Sprechen gerahmt und geführt. Der Leseraum ist daher kein stiller Raum des Rückzugs, sondern ein gesellschaftlicher, mit Leben erfüllter Raum, das Lesen lebt gleichsam in der Öffentlichkeit und ist ein Teil der Gespräche, die dort geführt werden. Man muss sich den Leser dieser Zeiten nicht als einen Leser vorstellen, der in den Text abtaucht und in ihm verschwindet, sondern als einen, der immer wieder von seiner Lektüre aufschaut und sich zusammen mit dem Text umschaut.

Ähnliches kennen wir ja auch aus der Jahrtausende alten jüdischen Lese-Tradition. Die Schüler sitzen mit dem Lehrer zusammen und lesen alle denselben Text. Sie lesen ihn laut, und sie beginnen dann mit Unterstützung des Lehrers diesen Text auszulegen. Die Auslegung ist auch hier Teil eines Gesprächs, das dann wieder in das Lesen des Textes mündet. Manchmal liest man bestimmte Passagen immer wieder, bis man sie auswendig kann.

Sie haben Recht, eigentlich ist es doch schade, dass wir kaum noch so lesen, und zwar auch nicht als Erwachsene. Man sollte dann und wann wieder in kleiner Runde gemeinsam einen Text lesen, und man sollte ihn im Gespräch auslegen.

Ja genau, dann würde nämlich zunächst einmal das Verständnis dafür geschärft, wie unterschiedlich ein bestimmter Text den Leser erreicht. Man würde nicht sofort unter das Diktat des »richtigen Verstehens« geraten, sondern zunächst einmal auf all das horchen, was in den Reaktionen auf einen bestimmten Text mitschwingt …

Und wie könnte man das Lesen wieder mit dem Schreiben verbinden?

Auch das kann ich hier leider nicht ausführlich erläutern, ich möchte stattdessen auf meine Trias aus Sprechen, Lesen und Schreiben zurückkommen. Am Anfang ist das Schreiben ein Nachzeichnen von Buchstaben, die Bewegung der Hand versucht, den optischen Eindruck eines Buchstabens auf das Papier zu bannen.

Der nächste Schritt besteht darin, einen Satz und mehrere Sätze abzuschreiben. Diesen Vorgang nennen wir »exzerpieren«. Das »Exzerpt« ist die teilweise Abschrift eines vorliegenden Textes. Ich entnehme diesem Text bestimmte Passagen, ich eigne sie mir schreibend an, damit begann das Schreibtraining schon bei den Sumerern und im Alten Ägypten.

Auf das »Exzerpieren« folgt das »Notieren«, worunter ich zunächst noch immer eine Form des puren Abschreibens verstehe. In diesem Sinn ist das Notieren eine Art »Mitschrift«, ein Mit- und Abschreiben dessen, was die Umgebung an Schrift für einen bereithält. Die Urform des Notats besteht darin, mir bestimmte Angaben, die ich in der Umgebung vorfinde, aufzuschreiben. Ich gehe in einen Bahnhof und »notiere« mir die Abfahrtszeit eines Zuges, ich unterhalte mich mit einem Freund und »notiere« mir seine neue Handy-Nummer. Das »Notizheft« war lange Zeit ein kleiner Taschenkalender, in den man lauter Notizen dieser Art hineinschrieb: Adressen, Termine, das Skelett des Erinnerns.

Später entwickelte sich das Notieren weiter, hin zum Notieren von Eindrücken, Stimmungen, Begegnungen, das Notieren emanzipierte sich also gleichsam von anderen textuellen Vorlagen und wurde zu einer eigenen Kunstform. Der Platz dieser Notate wurde mit der Zeit das Tagebuch, aus puren Notizheften oder Kalendern wurden zunächst Chroniken und dann Tagebücher, das ist ein unglaublich interessanter Prozess, aus dessen historischem Verlauf man sehr viel über das Schreiben lernen kann.

Gehen wir von hier aus noch einmal zurück zu Ihrer Be-
merkung über die Trias von Sprechen, Lesen und Schreiben.
Sie sagten, Sie hätten diese drei Tätigkeiten ab einem be-
stimmten Alter als einen Zusammenhang verstanden und
sie daher auch immer möglichst zusammenhängend betrie-
ben. Wie muss man sich das konkret vorstellen? Sie haben
exzerpiert und notiert, war es das, hat Ihr Schreiben damit
begonnen?

Ganz genau, mein Schreiben hat mit dem Exzerpieren von
Textstellen begonnen. Allem, was ich las, entnahm ich solche
Stellen und exzerpierte sie. Später kam das Notieren hinzu,
ich habe unendlich viel notiert, über diesen Tick habe ich ja
bereits gesprochen. Und der dritte Schritt war dann das Tagebuch, zunächst in noch sehr einfacher Form, mit Notaten
über das Wetter, mit Sportergebnissen, mit Nachrichten aus
Tageszeitungen.

Um das Tagebuch dagegen als Kunstform zu begreifen, be-
durfte es erst bestimmter Anregungen, die erhielt ich mit vierzehn, fünfzehn Jahren aus der französischen Literatur. Über
den eminenten Einfluss dieser Literatur auf mein Schreiben
möchte ich später einmal etwas sagen, vielleicht am Nachmittag. Lassen Sie uns zuvor diese Gedankengänge über das
Lesen noch ein klein wenig vertiefen, indem wir wieder zum
kindlichen Lesen zurückkehren.

Das Kind hat lesen gelernt, es hat die ersten Fortschritte
gemacht, es liest nun auch allein, es wird zu dem einsamen,
sich in das uns bereits bekannte »Gehäus« zurückziehenden
Leser und damit im Prinzip zu einem späten Nachfahren
unserer Apostel und Kirchenväter, wie sie auf vielen Abbildungen als einsame, sich in ein Buch vertiefende Leser dar-
gestellt wurden.

Das Buch, mit dem sich das Kind beschäftigt, ist ein Buch

mit vielen Erzählungen oder auch gleich ein dicker Roman. Und nun sitzt das Kind im idealen Fall Stunde um Stunde, um diesen Roman zu lesen, um ihn zu Ende zu lesen. Es vergisst alles um sich herum, es liest und liest, das ist eine der schönsten Erfahrungen, die man mit dem Lesen machen kann, die vollkommene Selbstvergessenheit, die Trance des Lesens.

An dieser Stelle muss ich nun einen Text erwähnen, der dieses kindliche Lesen wie kein anderer erkundet hat. Es ist einer der großen Texte über das Lesen schlechthin, Sie ahnen bereits, welchen ich meine, ich meine natürlich Marcel Prousts *Tage des Lesens,* ein Text, der gleich im ersten Satz das Lesen zum eigentlichen Erlebnis des Lebens erhebt: »Es gibt vielleicht keine Tage unserer Kindheit, die wir so voll erlebt haben wie jene, die wir glaubten verstreichen zu lassen, ohne sie zu erleben, jene nämlich, die wir mit einem Lieblingsbuch verbracht haben ...«

Von drei Orten und Räumen des kindlichen Lesens, an die Proust sich sehr präzise erinnert, wird dann erzählt: Vom Esszimmer, in dem er als Kind vom frühen Morgen bis zum Mittagessen liest, von seinem eigenen Zimmer, in dem nach dem Mittagessen gelesen wird, und von einem Ort im Freien, einem Park, in dem er dann am Nachmittag liest. Der ideale Tag ist ein Tag, der ein ununterbrochenes, fortgesetztes Lesen erlaubt.

Die emphatischen Schilderungen dieses Lesens zeigen uns nun aber etwas sehr Eigenartiges, sie zeigen uns nämlich, dass Proust sich nicht nur an seine Lektüren erinnert, sondern viel stärker noch an all die Räume und Terrains, in denen diese Lektüren stattfanden. Er schildert sie bis ins kleinste Detail, ja er beschreibt sie so genau, als sammle er lauter atmosphärische Noten.

Das intensive kindliche Lesen ist also ein Vorgang, in

dessen Verlauf eine mit vielen unterschiedlichen Emotionen gesättigte Umgebung entsteht. In der Erinnerung vergegenwärtigt der Leser Proust sich all diese emotionalen Valenzen noch einmal. Durch das Lesen, zeigt er, wurde die Welt zu einem großen, intensiv wahrgenommenen atmosphärischen Raum, durch das Lesen eignete er sich die sonst so fremde, widerständige Welt emotional an. Sie rückte ihm nicht nur näher, nein, sie wurde zu einem Teil seiner Empfindungen und Gefühle.

Wodurch erreicht das Lesen aber diese Konzentration der Wahrnehmung? Auch das fragt sich Proust, und er antwortet auf diese Frage sehr genau und genial, indem er zeigt, dass wir während des Lesens etwas ganz Besonderes, sonst nie Vorhandenes wahrnehmen: Eine »reine« Sprache, eine »reine« Welt. Was aber meint er mit dieser »Reinheit«?

Er meint damit den Vorgang einer Selektion: In dem gelesenen Buch begegnet uns die Welt nämlich in einer vom Autor selektierten Form. Alles, was der Autor nicht brauchte, um seine eigene Welt zu erfinden und darzustellen, wurde fortgelassen, so dass eine inhaltlich wie sprachlich homogene Lese-Welt entstanden ist, die uns gerade durch diese Homogenität fesselt und in ihren Bann zieht. Wir finden an dieser Homogenität ein so außerordentliches Gefallen, weil sie uns eine inhaltlich und sprachlich gestaltete und geordnete Welt nahebringt, die sich von der ungestalteten, kaum geordneten und von lauter Zufällen geprägten realen Welt elementar unterscheidet. Die Lese-Welt hat nichts Zufälliges, Peripheres und Langweiliges mehr, die Lese-Welt ist eine von all diesen Erschwernissen des Lebens gleichsam »gereinigte« Welt: »Reine« Sprache, »reine« Welt …

Eine solche Welt nun färbt auf unsere Wahrnehmung und Erfahrung ab, und zwar in der Weise, dass wir während des Lesens auch unsere Umgebung immer »reiner« wahrnehmen.

Indem wir uns also in den »reinen« Lese-Welten aufhalten und mit ihnen verwachsen, verwandeln sich um uns herum allmählich auch die Umgebungen des Lesens in »reine« Welten und werden damit zu Trägern von Atmosphären und Emotionen. Genau diese Verwandlungen machen das Lesen so daseins-notwendig, denn vor allem das Lesen enthält diese bedeutsame, eminent lebenswichtige Kraft: Die Welt fühlbar und erlebbar zu machen und uns ihre von der Geburt an gegebene Kälte und Fremdheit überwinden zu lassen.

Und wie verbindet Proust dieses Lesen mit dem Schreiben?

Ja, auch darüber denkt er in *Tage des Lesens* nach, und die Beobachtungen, die er zu dem Verhältnis von Lesen und Schreiben macht, gehören zum Glaubensbekenntnis der französischen Literatur, deren Literaten wie keine anderen in Europa seit den Tagen Montaignes immer die enge Verbindung von Lesen und Schreiben im Auge gehabt haben.

Proust bringt die zentralen Momente dieses Glaubensbekenntnisses auf den Punkt, indem er sagt: Das Lesen allein genügt nicht, das Lesen allein ist noch nichts, das Lesen endet da, wo wir selbst reagieren sollen, und wir sollten auf das Lesen antworten, sonst erlischt seine Wirkung, sonst ist es nichts als eine Zerstreuung. Indem wir antworten, behandeln wir das Lesen als eine Initiation, ja, das Lesen ist die Initiation des Schreibens.

Das Lesen als Initiation des Schreibens zu verstehen, ist ein sehr fruchtbares und folgenreiches Projekt. Die französischen Literaten haben zahlreiche Varianten dieses Projekts entwickelt. Eine kennen wir schon, es ist der literarische Essay. Eine zweite ist das literarische Tagebuch, und eine dritte ist die literarische Notiz, worunter ich so verschiedene Genres wie die Aufzeichnung, die Sequenz oder auch den Aphorismus subsumiere. Diese Varianten der Initiation haben der französischen Literatur insgesamt ihren ganz besonderen, einmaligen Charakter verliehen. Doch darüber möchte ich ausführlicher, wie gesagt, etwas später, am Nachmittag, sprechen.

Lassen Sie uns zum Schluss unseres Streifzugs durch Prousts *Tage des Lesens* vielmehr noch einmal festhalten, dass Proust die Schreibenergie als eine Energie betrachtet, die aus der Leseenergie hervorgeht. Es handelt sich gleichsam um eine Leseenergie, die über ihr Ziel, das Ende des Buches, hinausschießt. Sie erlebt dieses Ende des Buches als unbefriedigend, sie bescheidet sich nicht mit dem Erlebnis der emotional gesättigten Lese-Welten, sondern drängt darauf, solche Welten selbst herzustellen.

Eine Welt herstellen, die ganz aus den eigenen Emotionen besteht und ganz von ihnen durchdrungen ist – das ist der zentrale Antrieb der Schreibenergie, die aus der Leseenergie hervorgeht. Zunächst zeigt sich diese Schreibenergie bloß reagierend, indem sie ausschließlich vom Erlebnis der Lektüren spricht, sie ist dann essayistisch, oder sie drängt ins Tagebuch, oder sie schlägt sich in einer Notiz oder Aufzeichnung nieder. Später aber erwächst aus diesem literarischen Nährboden allmählich eine Figur und eine literarische Biographie: Figur und Leben eines Schriftstellers ...

Damit aber genug zum Thema »Das Lesen an und für sich«, es ist bereits Mittag ..., wir sollten diese Arbeitsklause jetzt verlassen und hinauf in die Küche gehen. Sie wissen ja, vor dem Essen gibt es Champagner, bleiben wir beim *Ruinart Rosé*?

Sehr gern! Aber bevor wir gehen, empfehlen Sie mir doch noch ein paar Lektüren zu diesem wichtigen Thema.

Nun gut, zum Abschluss dieses Gangs noch eine Kurz-Empfehlung: In der Anthologie *Mein erstes Buch* schildern Schriftsteller ihre frühsten Lektüren, gehen ihrer Lesesucht nach, erinnern sich an ihre Lieblingsbücher oder phantasieren über die vielen Werke, die sie immer schon lesen wollten, aber nie gelesen haben.

Dabei zeigt sich, dass die meisten Schriftsteller zu Beginn ihrer Lektüren meist noch richtige Leser waren, den Büchern ausgeliefert wie andere Leser auch. Elias Canetti zum Beispiel beginnt gleich mit *Tausendundeine Nacht*, das er ordentlich von vorne nach hinten liest, nein, durchfliegt, um sich dann auf *Grimms Märchen*, den *Don Quijote* und eine Dante-Ausgabe für Kinder zu stürzen, alles von vorne nach hinten und alles durchflogen, während Thomas Mann in Erinnerung an seine Kindheit zunächst überhaupt nicht aufs Lesen kommt, sondern auf sehr schönes Spielzeug, eine vorschriftsmäßige blaue Husarenuniform und ein Schaukelpferd mit Namen Achill, wobei es nicht leichtfällt, sich Thomas Mann vorzustellen, wie er sich in der Husarenuniform auf das Schaukelpferd schwingt und »Achill« haucht ...

Als die Schriftsteller dann aber Schriftsteller wurden, haben sie ganz anders gelesen. Im Grunde habe ich nur wenig genau gelesen, behauptet Paul Valéry, bestimmte Stellen jedoch sehr eingehend und den Rest nur so aus den Augenwinkeln ... Stimmt das?, fragt man sich, wo man doch weiß, wie viel gerade Valéry gelesen hat, stimmt das oder ist das nur Koketterie? Ich vermute, es stimmt, und ich glaube sogar, dass gerade Schriftsteller die unordentlichsten Leser sind, weil sie schon bald mit etwas anderem beschäftigt sind als mit dem Buch, das sie gerade lesen. Sie lesen es scheinbar, daneben aber entsteht in ihrem Kopf ein zweites, drittes Buch, entstehen viele Bücher. Schriftsteller schweifen, denke ich, beim Lesen nicht ab, Schriftsteller schreiben das Gele-

sene um, und sobald dieses Gelesene eine gewisse Selbständigkeit gewinnt, geben sie das Lesen auf und schreiben ihre
eigenen Sachen weiter.

Wie das geschieht, können Sie übrigens auch anhand
eines Buches mit Lesestücken Robert Walsers erkennen.
Eine »poetische Literaturgeschichte« ist auf diese Weise
entstanden, die mit Walsers Shakespeare-Lektüren beginnt
und über Goethe, Schiller, Jean Paul durch die Jahrhunderte führt, bis in Walsers eigene Zeit. »Ich darf vielleicht
versichern, dass ich jeweilen beim Lesen verhältnismäßig
originell bin«, beginnt er, und dann liest man puren Robert
Walser, durch Lektüren in Nachschwingungen versetzt, ein
einziges Walser-Werden der anderen großen Dichter ..., so
dass ich mich ernsthaft frage, warum nicht endlich ein Verleger auf den besten aller Gedanken kommt: Unsere Dichter gemeinsam eine große europäische Literaturgeschichte
schreiben zu lassen, ohne Epochennamen und Theorienschubläden, sondern als Erzählung ihrer Lektüren ...

Bücher-Menu 9

Alberto Manguel: *Die Bibliothek bei Nacht.* Aus dem Englischen
von Manfred Allié und Gabriele Kempf-Allié. Frankfurt/M. 2007;
Alberto Manguel: *Eine Geschichte des Lesens.* Berlin 1998; Otto
Ludwig: *Geschichte des Schreibens. Band 1: Von der Antike bis zum
Buchdruck.* Berlin 2005; Peter Stein: *Schriftkultur. Eine Geschichte
des Schreibens und Lesens.* Darmstadt 2006; Marcel Proust: *Tage
des Lesens.* Deutsch von Helmut Scheffel. Frankfurt/M. 1978; Jorge
Luis Borges/Osvaldo Ferrari: *Lesen ist denken mit fremdem Gehirn.*
Aus dem Spanischen von Gisbert Haefs. Zürich 1990; Olof Lagercrantz: *Die Kunst des Lesens und Schreibens.* Aus dem Schwedischen
von Angelika Gundlach. Frankfurt/M. 1988; *Kopfbahnhof. Reclam-*

Almanach 1. Die Lust am Text. Leipzig 1990; Hans-Jost Frey: *Lesen und Schreiben.* Basel und Weil am Rhein 1998; Julien Gracq: *Lesend schreiben.* Aus dem Französischen von Dieter Hornig. Graz-Wien 1997; Henry Miller: *Die Kunst des Lesens.* Ausgewählt und übersetzt von Manfred Andrae. Reinbek 1963; *Mein erstes Buch. Autoren erzählen vom Lesen.* Hrsg. von Hans Jürgen Balmes. Frankfurt/M. 2002; Robert Walser: *Dichteten diese Dichter richtig? Eine poetische Literaturgeschichte.* Hrsg. von Bernhard Echte. Frankfurt/M. 2002

Mit Büchern in Gesellschaft

Stuttgart. Das große, hoch gelegene Gartengelände mit Blick auf die Stadt, am Mittag. In der Küche des Wohnhauses.

Die Besucherin: Sie werden erneut für uns kochen?

Ortheil: Ja, und ich werde wieder etwas Leichtes kochen, wie beim letzten Mal. Es gibt Forellen mit Butterkartoffeln und Spinat. Und vorher und zum Essen gibt es einen *Ruinart Rosé.* Nehmen Sie doch bitte Platz, hier, am großen Esstisch …

Wollen wir unser Gespräch über das Thema »Das Lesen an und für sich« fortsetzen?

Später vielleicht, nach dem Essen. Jetzt aber möchte ich Ihnen ein Intermezzo präsentieren, das zu dieser Tageszeit, diesem Raum hier und meiner Küchenarbeit passt. Ich möchte mich mit Büchern in Gesellschaft begeben.

Wie meinen Sie das?

Sie werden es gleich sehen und hören. Wir beginnen in Köln:

*

Ich sitze mit Roland Koch in einer echt Kölschen Kneipe und bin so entspannt wie seit Langem nicht mehr. Köln ist eine weibliche Stadt, eine Mutter, und das Kölsch, das wir trinken, ist Muttermilch, sagt Roland Koch. Die Kneipe, in der wir sitzen, ist das *Früh em Veedel* am Chlodwigplatz und eine der vielen Kneipen, die Kölner Autoren wie Roland Koch im *Kölner Kneipen-Buch* porträtiert haben.

Eine Kölner Kneipe ist etwas anderes als eine Berliner oder Münchner Kneipe, denn in einer Kölner Kneipe trinkt man kein Bier, sondern ausschließlich Kölsch. Kölsch hat etwas Lebendiges, Leichtes, es macht weder schwer noch dumpf, sondern gibt einem einen ganz sanften Kick, der die Welt so unbeschwert macht wie einen Ballon. Mit ein paar Kölsch im Bauch hat Köln etwas Fließendes, Bewegliches, sagt Roland Koch, und dann bestellen wir zum Kölsch ein paar Reibekuchen und philosophieren über ihren dunkel gebratenen, knusprigen Rand.

Später, als Roland Koch schon verschwunden ist, bleibe ich einfach sitzen und lese in den wunderbaren Briefen, die Jurek Becker an Freunde und Kollegen geschrieben hat. Lieber Herr Böll, schreibt Jurek Becker zum Beispiel im Alter von 35 Jahren, lieber Herr Böll, seit ich lesen kann, und das ist noch gar nicht so lange her, freue ich mich auf Ihr nächstes Buch. Ist das nicht eines der schönsten Komplimente, das man einem Schriftsteller machen kann? Man sollte, phantasiere ich, neue Rezensionsformen einführen, Rezensionen aus wenigen, ganz aus dem Herzen kommenden Sätzen, die den Leser auf umwerfende Weise animieren, sich sofort ein bestimmtes Buch oder am besten gleich alle Bücher eines Autors zu kaufen.

Viele Briefe Jurek Beckers sind von diesem stillen Enthusiasmus grundiert, immer gibt es irgendetwas, das ihn gerade brennend beschäftigt und ihm spürbar sehr nahegeht. Zum Glück sind es nicht unbedingt immer die großen Themen, sondern eher Themen in Reichweite. Gerade das aber ist der Grund dafür, dass man ihn nie bei irgendwelchen Schriftsteller-Posen ertappt, sondern einen Schriftsteller bei der schwierigen, aber auch launigen Arbeit beobachtet, ein guter Schriftsteller zu sein.

Als Schriftsteller mit dem Anspruch, ein guter Schriftsteller zu sein, beantwortet Jurek Becker unaufhörlich Anfragen. Man bittet ihn um Beiträge für eine Anthologie, man lädt ihn hierhin und dorthin ein, man will einen Vortrag von ihm. Lieber Mike, schreibt dann Jurek Becker sinngemäß, ich bin umgezogen, und hier ist meine neue Adresse und die Telefonnummer und dies und das, sonst ist eigentlich nichts Neues geschehen, außer dass ich das Thema des Vortrags, den ich halten soll, vergessen habe.

Wie angenehm und entspannend ist es doch, denke ich, endlich mal einen Schriftsteller zu erleben, der entspannte Briefe schreibt und in jedem Brief eine Mini-Geschichte aus seinem Leben unterbringt, die den Brief über seinen jeweiligen, oft schlichten Anlass erhebt. Darin genau beweisen sich ja Jurek Beckers große schriftstellerischen Gaben, dass er eine Briefvorgabe unterläuft und dann plaudernd erwidert. Lieber Marcel, schreibt er zum Beispiel im Alter von 51 Jahren an einen bekannten deutschen Literaturkritiker, unter all meinen Bekannten bist Du der einzige, der geradezu störrisch darauf besteht, dass ich noch ein junger Mensch bin, in Deinem Brief tust Du das nicht zum ersten Mal, ich erinnere mich an eine Bemerkung von Dir, ich reise noch zum Studententarif durchs Leben.

Gute Schriftsteller, phantasiere ich weiter, reisen ein Leben lang zum Studententarif durchs Leben, das ist es, ach, wie gerne würde ich mich genau jetzt in dieser Kölsch-Kneipe mit einem solchen Schriftsteller unterhalten! Da aber gerade keiner vorhanden ist, setze ich mein imaginäres Selbstgespräch mit Hans Magnus Enzensbergers Interviews und Gesprächen der letzten dreißig Jahre fort. *Zu große Fragen* heißt der Band, so ein Titel lässt mich sofort hoffen, dass es so entspannt wie bisher weitergeht, denn zum Glück hat Hans Magnus Enzensberger in den letzten dreißig Jahren, was die Entspannung betrifft, erheblich und erfreulich zugelegt.

André Müller, der früher immer diese berüchtigten Interviews geführt hat, die viele Leser dann immer so superscharf fanden, will Enzensberger die Entspannung nicht so richtig durchgehen lassen. Sie waren doch 1968 mal ein Führer der Studentenbewegung und haben ernsthaft behauptet, die chinesische Kulturrevolution sei ein unentbehrliches, verführerisches Konzept, fragt Müller unerbittlich. Na ja, antwortet Enzensberger, diese ganze Rhetorik war natürlich Quatsch, das ist ja leicht einzusehen, ich habe Phrasen gedroschen wie alle anderen auch. Moment mal, sagt Herr Müller, so schnell geht das aber nicht, in den fünfziger Jahren war ja sogar die Anarchie Ihr Ideal. Stimmt, sagt Enzensberger. Sie haben Angst vor der eigenen Courage bekommen, setzt Herr Müller nach. Mmh, antwortet Enzensberger. Also was nun, ja oder nein?, macht Herr Müller weiter. Nein, sagt Herr Enzensberger, ich nehme Ihre Deutung zur Kenntnis, aber man kann alles auch ganz anders sehen.

In einem guten Interview, räsonieren wir, wird nicht nur gefragt und geantwortet, in einem guten Interview erzählt der Fragesteller ebenso eine Geschichte wie der, der die Fragen beantwortet. In diesem Sinn macht André Müller weiter: Alfred Andersch hat die Wut in Ihren frühen Gedichten mit einem Hass auf Ihre bürgerliche Herkunft zu erklären versucht, fragt er. Ja, das kann er doch tun, antwortet Enzensberger. Wollen Sie dazu etwas sagen?, setzt Herr Müller nach. Nein, antwortet Enzensberger, denn sehen Sie, es gibt über mich schon so viele Geschichten.

Noch ein Kölsch?, fragt uns der Köbes, ja, antworte ich

und erinnere mich kurz an einige der guten Geschichten, die es auch über unsereinen gibt. Eigentlich müsste ich zum weiteren Geschichten-Erleben jetzt aber mal raus, an die frische Luft, aber ich habe ja noch Frank Gerberts Buch über das »Wandern« dabei, in dem Frank Gerbert gleichsam stellvertretend für mich seine Wanderer-Passion und seine Liebe zur frischen Luft auslebt. Das Schöne an Gerberts Buch ist, dass es mich mit einem entspannten Wanderer vertraut macht, Wandern beruhigt, hebt die Laune, regt an, inspiriert, flüstert Frank Gerbert, denn nicht ich wandere, sondern es wandert mit mir! Großartig, diese Wanderer-Fantasie, denke ich und lese weiter vom Wandern nach Venedig, durch die Dolomiten, im Mittelgebirge …, was aber vielleicht doch eher Frank Gerberts Sache ist, ich jedenfalls wandere lieber durch Köln, gleich, am entspannt fließenden Rhein entlang.

*

Ortheil: Zum Thema »Gehen« gibt es übrigens einen sehr schönen Essay von Henry David Thoreau, der 1862 im *Atlantic Monthly* erschienen ist. Für Thoreau war jeder Tag, an dem er nicht einige Stunden spazieren ging, ein verlorener Tag. Ich begreife nicht, schrieb er, wie Menschen es einen ganzen Tag lang in ihren Zimmern und an ihren Arbeitsplätzen aushalten, die meisten bewegen sich mit zunehmendem Alter auch immer weniger und schließlich gar nicht mehr. Der Mensch ist aber nicht zum Sitzen, sondern zum Stehen und Gehen gemacht, gehen wir also, am besten hinaus in den Wald, gehen wir jeden Tag einen anderen Weg, obwohl es uns zu immer denselben Wegen hinzieht, diese Manie, immer dieselben Wege zu gehen, ist seltsam und muss mit alten Instinkten zu tun haben.

Für Thoreau ist der Wald kein romantischer Ort, sondern der Raum des Vergessens. Es ist, schreibt er, gar nicht leicht, im Wald wirklich anzukommen, man muss die Stadt abschütteln und die Gedanken an sie, um endlich wieder bei Sinnen zu sein, gegenwärtig also, präsent, hier, in diesem und nur diesem Raum. In zwei, drei Stunden kann man in Gegenden sein, die einem völlig fremd sind. Schon ein neuer Ausblick ist ja ein großes Glück. Im Wald bewegen wir uns zwischen dichten, verborgenen Zonen und solchen der plötzlichen Öffnung. Die Landschaft um uns herum mit einem Radius von etwa zehn Meilen ist unser Terrain …

Sie haben es gut, an dieses Gartengelände schließt ja sofort der Wald an, Sie können also jederzeit aufbrechen, wie Thoreau …

Ja, das tue ich auch, so oft es irgend geht. Aber es gibt hier in den Wäldern sehr seltsame Wesen. Irgendwann, vielleicht schon in wenigen Jahren, werden wir Abbildungen dieser gegenwärtig sehr lebendigen Spezies auf unseren Fotografien entdecken und nicht begreifen, wie solche Wesen sich jemals öffentlich zeigen konnten. Wir werden mit offenem Mund dasitzen und den Kopf schütteln und uns immer wieder Bilder von ihnen anschauen, wie sie da mit ihren Skistöcken klappernd das Gelände abgrasten und durch unsere Grünanlagen marschierten, wie sie meist rudelweise unsere Waldwege befielen und glaubten, ihr Herumschleichen sei Sport.

Aber lieber zurück zu unserem Thema »Mit Büchern in Gesellschaft«. Einmal verschlug es mich in die Kinderbuch-Abteilung einer großen Buchhandlung, hören Sie:

Hallo Leute, ich erzähle euch jetzt davon, wie ich mit meiner Mutter in eine Buchhandlung gegangen bin und wir dort den Herrn Ortheil getroffen haben. Ich geh also mit meiner

Mutter in eine Buchhandlung, ehrlich gesagt, meiner Mutter zuliebe, weil sie mir ab und zu mal ein gutes Buch schenken will, das ich dann nur für sie lese, so dass sie sich was drauf einbilden kann, dass sie eine lesende Tochter hat. Schlendern wir also durch die Buchhandlung, als meine Mutter plötzlich auf einen Fremden losgeht, einfach so, mitten in der Buchhandlung. Sie fragt ihn, ob er vielleicht der Herr Ortheil sei, er müsse es doch sein, wenn die Bilder stimmten, die sie von Herrn Ortheil im Kopf habe. Ja, hat der Typ da geantwortet, er sei wirklich Herr Ortheil und ob er ihr irgendwie helfen könne. Schau mal, Sabrina, hat meine Mutter da ganz laut gesagt, das ist der Herr Ortheil, das ist ein richtiger Schriftsteller, der ist supernett und vielleicht ist er jetzt sogar so nett, dass er dir hilft, ein neues Buch zu finden, Herr Ortheil hat da bestimmt lauter tolle Ideen.

Herrgott, es war so was von peinlich, weil die Buchhändlerinnen haben uns nun alle angeguckt und geschaut, was da abging, meine Mutter hat es aber gar nicht bemerkt, typisch, sie bemerkt so was nicht, sie hat, wenn sie so was erlebt, einfach nur noch das Nächste im Kopf, und das bringt sie dann ruckzuck zu Ende, so ist sie, und Vater sagt, man kann nichts dagegen tun. Auch Herr Ortheil konnte nichts dagegen tun, er hat nur gefragt, ob ich Lust hätte, mich bei den Kinderbüchern umzusehen, ohne meine Mutter, er und ich, da habe ich gesagt, ich heiße Sabrina und, jawohl, okay, schauen wir uns um.

Nebenan, bei den Kinderbüchern, hat Herr Ortheil gefragt, wie alt ich denn sei, und ich habe geantwortet, dass ich zwölf sei, er mir aber auf keinen Fall die typischen Bücher für Mädchen ab zwölf empfehlen solle, also keine Freundinnen-, Pferde- und erst recht keine »Ich bin frisch verliebt«-Bücher. Herr Ortheil hat aber gar nicht richtig zugehört, sondern gleich nach einem Buch gegriffen, das gerade vor ihm lag, ein kleiner Junge und ein Mann mit lauter Bartstoppeln waren auf dem Umschlag und saßen in einem Boot und schauten in den Himmel, und am Himmel flogen Wale und andere Fische herum. Der Junge heißt Tschipo, hat Herr Ortheil gesagt, Tschipo ist ein Junge, der Träume wahr machen kann, alles, was er so anträumt, geht nach dem Aufwachen in der Wirklichkeit weiter, Tschipo träumt also zum Beispiel von einem See und einem Kahn, und als er aufwacht, steht die Wohnung unter Wasser, so dass er gleich losrudern könnte.

Tschipo, hat Herr Ortheil dann weiter gesagt, sei ein Kinderbuch von einem sehr guten Schweizer Schriftsteller, den er selbst kenne, es sei also logischerweise auch ein sehr gutes Kinderbuch, und im Übrigen habe er es gerade auch seinem Sohn vorgelesen. Ich habe ihn schräg angeschaut und gefragt, wie alt sein Sohn denn so sei, da hat Herr Ortheil geantwortet, dass *Tschipo* ein Buch für Kinder ab acht sei, na gut, habe ich nur gesagt, nehmen wir es für meinen Bruder, der ist neun, ich aber bin zwölf, Sie haben wohl nicht richtig hingehört. Holla, hat da Herr Ortheil gesagt, dann nehmen wir doch gleich Bücher, die auch Erwachsene lesen, zum Beispiel *Gullivers Reisen*, hast du schon mal was davon gehört? Nein, ich hatte noch nichts davon gehört, deshalb nahm mich Herr Ortheil mit hinüber zur Sitzecke, und dann setzten wir uns, und er las mir den Anfang von *Gullivers Reisen* vor, der von einem Mann handelt, der zuerst Arzt wird und dann zur See fährt und sich dann verheiratet und trotzdem wieder zur See fährt, es ist ein irgendwie seltsamer, eigensinniger Mensch, der nicht genau weiß, was er will, aber immer wieder zur See fährt.

Herr Ortheil war ganz begeistert von *Gullivers Reisen* und lachte während des Vorlesens und wollte gar nicht mehr aufhören mit dem Vorlesen, deshalb rief ich einfach »gekauft!«, »das nehmen wir!«, da hörte Herr Ortheil auf mit dem Vorlesen, sagte aber gleich, dass wir das nächste Buch jetzt zusammen aussuchen sollten. Das nächste? Ja, sagte Herr Ortheil, das nächste und übernächste, nun mal los! Da schlichen wir zusammen die Reihen entlang, bis ich auf einem Umschlag ein Mädchen mit einer Katze erkannte, das Mädchen gefiel mir sehr, es sah so freundlich und klug aus und blickte mit großen Augen seitlich in die Ferne, während seine rotbraune Katze mich scharf fixierte. Das Buch hieß *Alyce und keine andere* und spielte im Mittelalter und handelte von dem klugen und freundlichen Mädchen, das ein Waisenmädchen war und alle im Dorf gegen sich hatte und verspottet wurde und es dann doch ganz aus eigener Kraft schaffte, sich zu behaupten. Ich erklärte Herrn Ortheil, dass Alyce wohl das Mädchen auf dem Umschlag sei, da schaute Herr Ortheil sich das Buch etwas genauer an und sagte schließlich, er könne sich gut vorstellen, dass es Spaß mache, ein Buch zu lesen, das im Mittelalter spiele, denn da erfahre man eben nicht nur etwas über Alyce, sondern eben auch viel über das Leben im Mittelalter.

»In Ordnung, gekauft!«, sagte ich und dass es nun aber genug sei, zwei Bücher für mich, eins für meinen Bruder, das gebe sowieso bereits Ärger, und Herr Ortheil verstand anscheinend sofort, was ich meinte, jedenfalls gingen wir zurück zu den Erwachsenen-Büchern, um dort nach Mutter zu suchen. Mutter aber war noch nicht da, deshalb stöberten wir noch etwas in den Erwachsenen-Büchern herum, in denen ich ruckzuck wieder ein Mädchen auf einem Cover entdeckte, es schaute mir direkt in die Augen und hatte die Arme vor der Brust gekreuzt, es wirkte irgendwie trotzig und mutig und schön, da schlug ich das Buch auf und begann einfach zu lesen, so, wie es der Herr Ortheil mir vorgemacht hatte, und dann las ich und las wie Herr Ortheil, und die Zeit verging und ich sah und hörte sonst nichts mehr.

Die Geschichte handelt von Anna und Max, das Tolle

aber ist, dass Anna und Max sie selbst erzählen, so, wie ich gerade hier meine Geschichte von Herrn Ortheil erzähle. Anna und Max leben in der früheren DDR, und da wollen sie, logisch, möglichst schnell weg, und so machen sie sich auf und davon, aber das geht nicht so einfach, denn da gibt es lauter brutale Typen, die da was dagegen haben und so. Das alles hat mich total interessiert, und so hab ich das Buch noch zu den anderen Büchern gelegt, eigentlich war es mein Buch, in meiner Sprache, nur für mich, ihr versteht. Die Autorin heißt Sibylle Berg, und als ich Herrn Ortheil fragte, ob er etwa auch Sibylle Berg kenne, sagte er, na klar, sowieso, Sibylle Berg ist super, zeig mal her, ich habe ja gar nicht geahnt, dass die auch Kinderbücher schreibt, da aber habe ich gesagt, Kinderbücher?!, das sagen Sie bitte kein zweites Mal, Anna und Max sind keine Kinder, Anna und Max sind meine Freunde, kapiert?

*

So, die Kartoffeln sind gleich so weit, der Spinat ist auch bereits fertig, und die Forellen sind im Ofen, ich gare sie in der Folie.

Ich glaube, ich verstehe jetzt besser, was Sie meinen, wenn Sie von dem Thema »Mit Büchern in Gesellschaft« sprechen. Diese Geschichten sind »wie aus dem Leben gegriffen«, sie spielen in der Öffentlichkeit, an belebten Zonen, mitten in bestimmten, sozialen Milieus. Und dabei geht es um Bücher, die Bücher sind die Navigatoren, mit deren Hilfe man diese Milieus erkundet …

Exakt, so ist es.

Dann erzählen Sie doch bitte weiter, wir haben ja noch ein wenig Zeit ...

*

Hallo. Wir melden uns diesmal aus der Führungsetage des Goodwill-Konzerns, wo unser Freund Jack, der hier als Manager arbeitet, gerade ein Meeting seines Teams vorbereitet. Jack macht sich Gedanken darüber, um welches Meeting es sich eigentlich handelt, dient es der Information, der Problemfindung, der Problemlösung oder gar der Ausführung einer bereits vorher gefällten Entscheidung? Sich so etwas zu überlegen, ist wichtig, weil die meisten Meetings keine klaren Zielsetzungen haben. Man kommt zusammen, und ganz rasch wird aus dem Treffen ein Kaffeeklatsch, der nur Zeit kostet.

Zu berücksichtigen sind auch die Konflikte, die immer wieder auftreten, zum Glück ist Jack bei der *Managerkonferenz* von Thomas Gordon in die Schule gegangen, so dass er Methoden kennt, um solche Konflikte zu lösen. Falsch sind zum Beispiel Konfliktlösungen, bei denen Jack seinen Willen gegen den eines Mitarbeiters einseitig durchsetzt, ebenso falsch sind aber auch solche, bei denen er gegenüber anderen nachgibt, weil er ein netter Chef sein und es sich mit niemandem verderben will. Ideal wäre also wohl eine Methode, bei der es keine Unterlegenen gibt, sondern jeder gewinnt. Jack fragt sich, ob es so etwas gibt, und schlägt gerade nach, was Thomas Gordon in seinem Buch zu dem Problem sagt.

Eine Etage tiefer dagegen wartet John bereits auf seinen Auftritt, denn John wird zum Auftakt des Meetings einen kurzen Vortrag halten. Rasch macht er sich noch einmal klar, wie seine Körpersprache aussehen sollte: raumgreifende, ruhige Schritte, der Blick auf das Ziel gerichtet, dann festes und aufrechtes Stehen, die Knie leicht gebeugt, aber nicht durchgedrückt, minimale Pendelbewegungen nach links und rechts, eine Hand kurz in der Hose, dann aber Platz nehmen und lächeln, bevor das reiche Nuancenspiel der Stimme beginnt ...

John verdankt all diese wertvollen Hinweise Roman Brauns *Die Macht der Rhetorik*, es handelt sich um ein Buch, das alle Momente des rhetorischen Auftritts abdeckt und einem zum Beispiel beibringt, wie man seine Glaubwürdigkeit geschickt steigert, durch Sachargumente beeindruckt, Gefühlsargumente einfließen lässt und, wenn das alles nicht hilft, zu den geheimnisvollen Techniken der Hypno-Rhetorik greift, die etwas mit Suggestionen und ihrer unauffälligen Einstreuung in den Vortrag zu tun haben.

Das alles interessiert Johns Sekretärin Linda überhaupt nicht, sie ist vielmehr damit beschäftigt, sich im Netz per Mail einen Mann fürs Leben zu angeln. Vor ein paar Wochen hat sie fast alles falsch gemacht, so hat sie auf die Mail eines ihr unbekannten Mannes in Sekundenschnelle geantwortet, sich auch an Wochenenden und Feiertagen gemeldet, dem wildfremden Typ zuerst ihre Telefonnummer gegeben oder einfach vergessen, zwischen Verabredungen auch einmal unterzutauchen. In dem Buch *flirt-m@il* von Ellen Fein und Sherrie Schneider werden zunächst all diese Fehler beschrieben und dann 25 wichtige Regeln fürs Online-Dating aufgestellt, die ganz nebenbei auch noch helfen, sich der Droge Computer zu entziehen.

Früher nämlich waren die vielen Mail-Kontakte für Linda richtiggehend eine Gefahr, sie bemerkte gar nicht, wie viel Zeit sie vor dem Computer zubrachte, jetzt verliert sie diese Zeit weniger an Träumereien und Phantasiepartnerschaften und wartet brav 24 Stunden, bis sie auf eine Mail antwortet. Obwohl sie dazugelernt hat, fällt es ihr aber immer noch schwer, gegenüber diesem Kontakt-Flimmern Tag für Tag immun zu bleiben, und manchmal schlägt sie völlig über die Stränge und schickt irgendeinem Typ ohne besonderen Anlass ein Smiley nach dem andern, einfach so, weil es ihr Spaß macht.

Unten in der Pförtnerloge sitzt Pit, und der weiß, dass wahrhaft nur siegt, wer nicht kämpft. Pit hat diese kluge Weisheit in einem 2500 Jahre alten chinesischen Klassiker über die Kunst des Krieges gelesen, Meister Sun Tsu hat ihn geschrieben und darin viele geheimnisvolle Regeln formuliert, die Pit am liebsten sofort in die Tat umsetzen würde. »Sei unendlich subtil, ja geh bis an die Grenzen des Formlosen«, so etwas gefällt Pit, weil sich der Subtile natürlich den groben Auseinandersetzungen entzieht und dadurch trotz seiner vermeintlichen Schwäche den harten Kämpfern in vielem voraus ist.

Schon die Kapitelüberschriften von Sun Tsus Meisterwerk haben etwas Anziehendes, »Kraft«, »Leere und Fülle«, »Anpassung«, »Terrain« – im Grunde, glaubt Pit, geht es dabei ja gar nicht nur um das Kriegshandwerk, sondern um Regeln, die man mühelos auch hier im Konzern anwenden könnte. Lauernd und hellwach sitzt Pit daher in seiner Pförtnerloge und liest: »Daher beweisen jene, die jede Schlacht gewinnen, nicht wirklich höchstes Geschick – jene, die die gegnerische Armee hilflos machen, ohne es zu einem Kampf kommen zu lassen, sind die wahrhaft Vortrefflichen.«

*

Und zur Geschichte aus der Arbeitswelt rasch noch die Gegen-Geschichte, eine Geschichte vom Leben ohne Arbeit:

Neulich sagte mein Freund Bieger, er denke daran, nicht mehr zu arbeiten. Aber wieso nicht?, fragte ich, und wie kommst du darauf? Bieger schüttelte nur den Kopf. Kaum jemand arbeitet noch gern, sagte er, es lohnt sich einfach nicht mehr, und außerdem gibt es inzwischen andere, intensivere Beschäftigungen. Wir tranken stehend noch einen Kaffee, dann musste ich weiter, ich hatte zu arbeiten.

Während ich durch die Innenstadt hastete, gingen mir Biegers Thesen nicht aus dem Sinn. Es war gegen elf, also beinahe schon Mittag, doch an jeder zweiten Ecke sah man kleine Gruppen, die lustvoll frühstückten. Wer arbeitete hier eigentlich noch, und wovon lebten all die Flaneure, die sich jetzt ihren dritten Latte macchiato bestellten?

Als ich am Fenster einer Buchhandlung vorbeikam, fiel mir das Piper-Taschenbuch von Roland Griem sofort auf: *101 Gründe, nicht zu arbeiten.* Moment mal, sagte ich leise und eilte in die Buchhandlung. Das verkaufen wir gerade sehr häufig, sagte die junge Buchhändlerin, es will ja kaum jemand noch arbeiten, nur fehlen den meisten die richtigen Gründe, es nicht zu tun. Was wäre denn Ihrer Meinung nach ein solcher Grund?, fragte ich vorsichtig. Mehr Zeit zum Lesen zu haben, antwortete sie, und ich kaufte das Buch.

»Arbeit kommt von Arbeiten«, las ich gleich auf den ersten Seiten von Griems Buch, während ich weiterhastete, »Arbeit kostet Zeit«, »Arbeit ist nur Theater«. Hatte ich über solche Kernsätze schon einmal ernsthaft nachgedacht? Nein, musste ich zugeben, die meiste Arbeit ließ mir für so etwas ja keine Zeit, und wenn ich mit der einen Arbeit fertig war, war ja sofort die nächste dran, Arbeit kommt eben von Arbeiten, dachte ich und bemerkte, dass Griems Thesen begannen, einen gewissen Einfluss auf mich auszuüben.

Das ist ja die Höhe, sagte ich und beschloss, jetzt, gegen Mittag, dem Arbeitstrieb durch den Besuch einer Biergaststätte zu widerstehen. Dort bestellte ich ein großes Helles, ließ die Zeitungen links liegen und fragte den Kellner, als er das Bier brachte, ganz unverfänglich, ob er eigentlich gern arbeite.

Er schaute mich höhnisch an. Nein, sagte er, natürlich nicht, wie alle anderen arbeite auch er nicht gern, deshalb arbeite er seit einiger Zeit ja auch immer weniger. Aha, sagte ich und trank einen kräftigen Schluck. Wenn es Sie interessiert, sagte er, hätte ich da etwas für Sie. Es interessiert mich, antwortete ich, und kaum dreißig Sekunden später lag Axel Braigs bei S. Fischer erschienener Klassiker *Die Kunst, weniger zu arbeiten* vor mir.

Axel Braig rollt das Ganze nicht wie Roland Griem auf flapsige, sondern auf gründliche Art auf. Tagebuchsequenzen von mutigen Aussteigern (Manager! Ärzte!) sind geschickte Köder, die den Leser in die historischen Breitwandpanoramen der »langen Geschichte der Arbeit und der kurzen Geschichte ihrer Verherrlichung« ziehen. Natürlich interessierten mich die Tagebuchpassagen am meisten. Viele Schreiber hatten den »Zugang zu sich selbst« verloren: »Wann habe ich zum letzten Mal Musik gemacht? Wann den letzten Brief geschrieben?« – eine gewisse Eindringlichkeit war all diesen etwas weinerlichen Klagen nicht abzusprechen.

Wann habe ich mittags das letzte Mal ein zweites großes Helles getrunken?, dachte ich inspiriert und las immer beschwingter das Tagebuch eines ausgestiegenen Arztes, der als Assistenzarzt wöchentlich bis zu 100 Stunden hatte arbeiten müssen. Ob er da nicht etwas übertreibt?, murmelte ich kichernd vor mich hin und sprach mutig die junge Dame an, die mir gegenüber Platz genommen hatte. Sie werden es nicht glauben, sagte ich aufgeräumt, aber dieses Buch hier ist die geheime Bibel des Kellners, der uns gerade bedient.

Sehr gescheit der Mann, antwortete meine Tischpartnerin, wer arbeitet schon heutzutage noch gern? Man sollte sich überhaupt alles Überflüssigen entledigen, das vermindert die

Arbeit dann schon enorm. Eine kurze Handbewegung, und sie zog ein Rowohlt-Taschenbuch aus ihrem Einkaufsbeutel: Karen Kingston, *Feng Shui gegen das Gerümpel des Alltags*. Es handelte sich, ich begriff es beim ersten Durchblättern, um die spirituelle Variante der Arbeitsverweigerung, es ging um Techniken des Ausmistens, geistig, emotional, Karen Kingston führte ihren Feldzug bis hin zum sauberen Dickdarm (Kapitel 18: »Wie man seinen Körper ausmistet«).

Ich entschuldigte mich und verschwand auf die Toilette. Als ich an meiner Hose herumnestelte, spürte ich plötzlich das Buch, das ich die ganze Zeit in meiner Jackentasche mit mir geschleppt hatte: Umberto Eco, *Gesammelte Streichholzbriefe*. Das wollte ich bis heute Abend gelesen haben, flüsterte ich und wusch mir schnell durchs Gesicht. Ich hatte zu arbeiten.

*

Ortheil: So, jetzt sind gleich auch die Forellen fertig. Ich öffne noch eine Flasche *Ruinart* und lese Ihnen noch ein letztes Lektüre-Notat vor, eine Geschichte von Männern und Frauen:

Dass viele Männer enge Männer-Freundschaften haben und diese pflegen, ist einer der großen Irrtümer, die Karin Hertzer und Christine Wolfrum in einem *Lexikon der Irrtümer über Männer und Frauen* aufdecken. Männer, schreiben sie, sehnen sich zwar nach solchen Freundschaften, haben aber viel seltener als Frauen gute Freunde, mit denen sie sich austauschen können. Ersatzweise treiben sich viele stattdessen in Vereinen herum, spielen Tennis oder Golf und sprechen dabei über Autos, Jobs und Aktien. Ab Dreißig finden sie dann kaum noch neue Freunde, und manche haben sich ohnehin einen kumpelhaften Umgang mit anderen Männern antrainiert und vermeiden es, über Gefühle zu sprechen oder sie sogar zu zeigen.

Dafür fehlt ihnen nicht nur die Sprache, sondern auch ein entsprechendes gestisches oder mimisches Auftreten, körperliche Nähe oder Hilfe in schwierigen privaten Situationen suchen sie daher lieber bei Frauen. Wie diese Nähe in idealen Fällen aussehen könnte, beschreibt Christopher A. Weidner in *Feng Shui für zwei*. Dabei kommt es zunächst einmal auf die Ermittlung des richtigen Beziehungstyps an, der durch ein besonderes Verhältnis zu den fünf Grundelementen Holz, Feuer, Erde, Metall und Wasser bestimmt wird.

Ich zum Beispiel wäre, wenn ich den schwer durchschaubaren Berechnungstabellen von Herrn Weidner glauben sollte, ein »Feuer«-Typ. Feuer-Typen sind leidenschaftlich, sind mit Leichtigkeit und Freude bei der Sache und haben einen »klaren, unverstellten Blick auf das, was ist«. Zur vollen Entfaltung kommen sie mit Holz-, vor allem aber mit Erde-Typen, denn erst die Erde-Typen bewahren den Feuer-Typ vor den Gefahren allzu leidenschaftlicher Ausbrüche.

Hätte ich nun die richtige Erd-Type für ein Zusammenleben gefunden, ergäben sich aus unserer Feuer-Erde-Verbindung Konsequenzen für die Wahl von Farben, Formen oder Düften für unser Zuhause. Als Feuer-Typ bevorzuge ich dynamische Formen, etwas Spitz-Zulaufendes oder Dreieckiges zum Beispiel, ich liebe Rot und Leder, Wolle und Fell, auch mag ich das Bittere, Herbe, herbei also mit Löwenzahn, Rucola, Roter Bete, Amaranth, Kaffee, Kakao und Rotwein. Das alles sollte ich am besten am Feuer selbst genießen, am Lagerfeuer oder am offenen Herd-Feuer, als Feuer-Typ verzehre ich mich nach allem, was mit Kochen und Backen zu tun hat, ich liebe Saunen und Sonnenbäder, selbst das Schwitzen hat in meinem Fall etwas mit Leidenschaften zu tun.

Sollte ich mich allerdings jeden zweiten Abend zum Joggen aufmachen, um nach einer Stunde schwitzend heimzukehren, sollte meine Erd-Type gewarnt sein und rasch Peter Angsts Buch *Ehen zerbrechen leise* studieren. Viele Männer, schreibt nämlich Herr Angst, rennen abends nicht aus sportlichen Gründen in den nächstgelegenen Wald, sondern weil sie bohrenden Fragen entgehen wollen. Ist ihre Stummheit ein Warnzeichen dafür, dass sie sich mit ihren Partnerinnen nicht mehr verstehen?

Nun ja, Schweigsamkeit wird zunächst einmal in der »Herkunftsfamilie« erlernt, großes Schweigen ist also etwas Vererbtes. Die sogenannten »stummen Fische« versuchen mit wenigen Worten auszukommen, teilen alle Arbeit »nonverbal« auf und gehen den großen Widerständen aus dem Weg. Das alles ist noch keineswegs bedenklich, stumme Paare flüchten sich eben häufig in ein »volles Programm« und werden aktionistisch. Richtig schlimm wird es erst, wenn einer der Partner seine Aufarbeitungs-Gespräche am falschen Ort führt, »tiefe Gespräche außer Haus« sind ein absolutes Warnzeichen für das Zerbrechen von Ehen, Herr Angst macht drastisch klar, dass mit solchen Gesprächen die absolute Gefahren-Zone, Stufe neun, erreicht ist.

Vielleicht sollte man in solchen Phasen aber auch gar nicht mehr daran denken, etwas zu kitten, sondern mit Dwight Webb sagen: *Ab heute ohne dich*. Dwight Webb ist Professor für beratende Psychologie an der Universität von New Hampshire und hatte selbst mit einem Trennungs-Trauma zu tun. Das hat er bis in alle, ja bis in die letzten Nuancen studiert und auseinandergenommen, man kann sich kaum ein grüblerischeres und skrupulöseres Buch über die Trennungs-Angst vorstellen.

Am Ende ist Dwight Webb dann aber doch beim Single-Dasein angekommen. In seinem Fall ist so ein Dasein ja beinahe eine Art von Erlösung. Endlich hat er es geschafft, auch am Allein-Sein eine gewisse Freude zu empfinden. Doch dann macht er sich, zielloser Cowboy, welcher der Mann in ihm eben doch einer ist, wieder auf den Weg ... – und sehnt sich nach Dauerlaufen, nach Kanu fahren und Radfahren, und dann lädt er einen seiner unechten Freunde zum Essen ein, »und aus diesen Interaktionen kommen die Ideen zu einem Tennis-Match«, mein Gott, Dwight, rufe ich da, das kann doch nicht wahr sein, nimm dir lieber ganz schnell das *Lexikon der Irrtümer* vor, das könnte dich vor einer Menge falscher Phantasien bewahren ...

*

Ortheil: Es ist serviert, ich wünsche Ihnen guten Appetit ...

Die Besucherin: Danke ..., das Essen sieht wunderbar aus. Diese schöne Forellen, und dazu der Champagner, wie ein Stillleben ...

Bücher-Menu 10

Björn Kuhligk/Tom Schulz (Hg.): *Das Kölner Kneipenbuch. Kölner Autoren und ihre Kneipen.* Berlin 2007; Jurek Becker: *»Ihr Unvergleichlichen.« Briefe.* Ausgewählt und hrsg. von Christine Becker und Joanna Obrusnik. Frankfurt/M. 2004; Hans Magnus Enzensberger: *Zu große Fragen. Interviews und Gespräche 2005–1970.* Hrsg. von Rainer Barbey. Frankfurt/M. 2007; Frank Gerbert: *Wandern.* München 2007; Henry David Thoreau: *Vom Spazieren. Ein Essay.* Aus dem Amerikanischen von Dirk van Gunsteren. Zürich 2004; Franz Hohler: *Tschipo.* München 2006; Jonathan Swift: *Gullivers Reisen.* Aus dem Englischen von Franz Kottenkamp. Basel 2007; Karen Cushman: *Alyce und keine andere.* Aus dem Amerikanischen von Bettina Braun. München 2006; Sibylle Berg: *Habe ich Dir eigentlich schon erzählt ...* Köln 2006; Thomas Gordon: *Managerkonferenz. Effektives Führungstraining.* Aus dem Amerikanischen von Hainer Kober. München 2006; Roman Braun: *Die Macht der Rhetorik.* München 2008; Ellen Fein, Sherrie Schneider: *flirt-m@il.* Aus dem Amerikanischen von Heike Schlatterer. München 2005; Sun Tsu (Sunzi): *Wahrhaft siegt, wer nicht kämpft.* Hrsg. von Thomas Cleary. Aus dem Amerikanischen von Ingrid Fischer-Schreiber. München 2005; Roland Griem: *101 Gründe, nicht zu arbeiten.* München 2003; Axel Braig: *Die Kunst, weniger zu arbeiten.* Frankfurt/Main 2003; Karen Kingston: *Feng Shui gegen das Gerümpel des Alltags.* Deutsch von Alfred Knödler. Reinbek 2002; Umberto Eco: *Gesammelte Streichholzbriefe.* Aus dem Italienischen von Burkhard Kroeber. München 2002; Karin Hertzer, Christine Wolfrum: *Lexikon der Irrtümer über Männer und Frauen.* München 2003; Christopher A. Weidner: *Feng Shui für zwei.* Reinbek 2007; Peter Angst: *Ehen zerbrechen leise. Ein Frühwarnsystem für Paare.* München 2003; Dwight Webb: *Ab heute ohne dich. 50 Tipps für ein Leben nach der Trennung.* München 2008

Grandseigneurale Lektüren

Stuttgart. Das große, hoch gelegene Gartengelände mit Blick auf die Stadt, am Nachmittag.

Ortheil: Sie waren nach unserer kleinen Mahlzeit ein wenig spazieren?

Die Besucherin: Ja, das Gelände ist ja so groß, dass man wahrhaftig auf ihm spazieren gehen kann. Ich entdecke immer wieder Neues, heute war es ein Pavillon, ganz oben auf der Höhe.

Dort möchte ich mit Ihnen gerne die nächste Stunde verbringen, man hat von dort oben den schönsten Weitblick, nicht nur über die Stadt unten im Tal, sondern sogar weit über die gegenüberliegenden Hügel hinaus. An klaren Tagen sieht man bis zur Schwäbischen Alb.

Und worüber werden wir uns dort oben unterhalten?

Über die Beziehung von Lesen und Schreiben und über meine Urahnen, die Grandseigneurs der französischen Literatur …

Inwiefern sind das Ihre Urahnen?

Ich sagte ja schon, dass die französische Literatur in der Jugend meine Vorstellungen vom Schreiben entscheidend geprägt hat. Warum eigentlich ausgerechnet die französische Literatur? ... – habe ich mich in späteren Jahren oft gefragt. Und dann schickte mir ein entfernter Verwandter zufällig eine Ahnentafel, aus der hervorging, dass ich französische Vorfahren habe, einer von ihnen war ein Gastwirt im Elsass, bei dem wäre ich sofort in die Lehre gegangen.

Hat die französische Literatur Ihre Liebe zu ihr erwidert, wurden Ihre Bücher auch ins Französische übersetzt?

Ja, sonderbar, fast alle meine Romane und viele meiner anderen Bücher wurden ins Französische übersetzt. Unter den europäischen Literaturen ist die französische diejenige, in die meine Bücher am häufigsten übersetzt wurden.

Also war die Liebe in der Tat eine gegenseitige. Haben Sie auch lange in Frankreich gelebt?

Nein, nur in Paris bin ich immer wieder längere Zeit gewesen, während ich die französischen Provinzen nur von kürzeren Besuchen und Reisen her kenne ...

So, jetzt sind wir auf der Höhe angekommen, diesen Pavillon mit Weitblick mag auch ich ganz besonders, bitte, nehmen Sie Platz.

Danke. Erinnern Sie sich noch, womit Ihre Liebe zur französischen Literatur begann?

Um diese Frage zu beantworten, muss ich noch ein letztes Mal auf meinen seit der Kindheit bestehenden Aufzeichnungstick zurückkommen. Ich habe Ihnen bereits erzählt, wann und wodurch dieser Tick entstand, an dem ich bis heute so unbeirrt festhalte. In der Kindheit waren die Aufzeichnungen noch kurze Exzerpte aus Büchern und anderen Quellen, dann auch bereits kleine Notate von Nachrichten und Meldungen. Mit vierzehn stieß ich durch einen Zufall auf die Tagebücher von André Gide. Diese Tagebücher waren der Funke, der meine Liebe zur französischen Literatur auslöste. Sie waren voll von kurzen Aufzeichnungen, die ich im Grunde gar nicht verstand, gerade dieses Nichtverstehen machte sie aber so geheimnisvoll und interessant.

Was ich witterte, war jedenfalls so etwas wie ein literarischer Kosmos. Laufend ging es um Bücher anderer französischer Autoren, darum, wie man zu diesen Autoren stand, ihre Bücher beurteilte, ob man sie treffen sollte oder nicht. Ein ganzes Leben bestand hier ausschließlich aus Literatur und damit aus lauter magischen Namen, hinter denen sich weitere unbekannte literarische Kontinente aufzutun schienen: Julien Green, Henri de Montherlant, Roger Martin du Gard, Paul Claudel ..., ach, ich könnte eine große Liste all dieser funkelnden Namen von lauter Zauberern anlegen, denen ich damals, ich möchte fast sagen, nachstieg und folgte.

Und immer wieder dasselbe Erlebnis: Tagebücher, Briefe, Aufzeichnungen, Essays – ein unendliches Gespräch über Literatur, das ohne die mir geläufigen literarischen Genres wie etwa den Roman oder die Erzählung auszukommen schien. Romane und Erzählungen der französischen Literatur nahm ich mit einer einzigen Ausnahme wahrhaftig gar nicht zur Kenntnis, sie existierten überhaupt nicht für mich, ich wollte mich ausschließlich unter diesen ehrwürdigen Grandseigneurs aufhalten und ihren Gesprächen zuhören. Ich wollte verfolgen, wie sie sich gegenseitig kommentierten und besuchten, wie sie sich Briefe schrieben und dabei von einer brennenden Liebe zu Paris beseelt waren, zu Paris, dieser Metropole der Literatur, die aus nichts anderem zu bestehen schien als aus Cafés und anderen Treffpunkten für Literaten.

Die literarischen Atmosphären dieser Metropole hat übrigens niemand besser beschrieben als Ernest Hemingway in seinem Erinnerungsband *Paris – ein Fest fürs Leben*. Diese kurzen Skizzen und Erzählungen spielen in den zwanziger Jahren, als die jungen amerikanischen Autoren nach Paris kamen und dort literarische Witterung aufnahmen. Hemingway war damals selbst noch ein junger Schriftsteller, ein Debütant, und er erzählt auf geradezu magische Weise davon, wie aus diesem Debütanten mit der Hilfe von Lehrern und engen Freunden allmählich ein Schriftsteller wird, der eine eigene Ästhetik entwickelt. *Paris – ein Fest fürs Leben* ist eines meiner Lieblingsbücher, vielleicht ist es sogar mein absolutes Lieblingsbuch. Als junger Leser habe ich in ihm all das gefunden, was ich brauchte, um eine genauere Vorstellung davon zu bekommen, was es bedeuten könnte, ein Schriftsteller zu sein und als Schriftsteller zu leben.

Doch nun rasch wieder zurück zu den französischen Autoren: Von der Lektüre Gides aus tat sich mir die Welt der französischen Literatur auf, und eine ganz besondere Rolle spielte neben den Tagebüchern sein Erstlingswerk, *Die Aufzeichnungen und Gedichte des André Walter*. Im Französischen hatte dieses Buch den Titel *Les cahiers et les poesies d'André Walter*, diesen Titel murmelte ich immer wieder vor mich hin …, les cahiers, les cahiers … – wenn ich dieses Wort hörte, dachte ich an schwarze Kladden oder Schulhefte, wie auch ich sie besaß und in die auch ich meine kleinen Aufzeichnungen und Notate eintrug.

Von Gide lernte ich aber nun, dass solche Aufzeichnungen »Literatur« waren. Sein Erstlingswerk bestand ausschließlich aus ihnen, ja, dieses ganze Buch bestand aus lauter knappen, miteinander nur durch die Figur des Erzählers verbundenen

Aufzeichnungen. »Gleich nach dem Essen liefen wir zum Weiher; er schillerte im Widerschein der Wolken …« – zwei Zeilen wie diese, nirgends mit anderen Aufzeichnungen durch den geringsten Hinweis verbunden, waren anscheinend »Literatur«, zwei solcher Zeilen bedeuteten bereits einen Schritt in ihr Reich.

Durch meine Gide-Lektüre wurde mir also deutlicher, dass es auch eine *Kunst* des Notats und der Aufzeichnung gab, von Gide aus gelangte ich zu den Aufzeichnungen und Notaten von Paul Valéry und später zu denen des von mir sehr verehrten Julien Gracq …, und so ging es weiter und weiter: Aufzeichnungen, Tagebücher, Essays – das waren für mich dann die eigentlich *literarischen* Texte, und die französischen Literaten schienen sich vor allem in ihnen auszudrücken und blieben auf diese Weise häufig ganz unter sich, ohne jene Zugeständnisse an ein Publikum, wie sie von den Romanautoren ganz selbstverständlich gemacht wurden.

Sie erwähnten eben eine Ausnahme, ein Romanwerk, das anscheinend doch noch vor Ihren Augen Gnade fand …

Ja, und natürlich war es das Romanwerk von Marcel Proust, das mir allerdings überhaupt nicht wie ein Romanwerk vorkam, sondern wie ein nicht enden wollender Essay oder ein nicht enden wollendes erzählendes Tagebuch. Alles in diesem Romanwerk kam ja vom Ich des Erzählers her und wurde von diesem Ich getragen, Erfindung, Handlung, das ganze Drama des Plots schien überhaupt keine Rolle zu spielen. Deshalb zog es mich an, es war gleichsam die Summe von all dem, was ich bei den anderen Schriftstellern las, die große Erzählung eines Schriftsteller-Lebens, das in den Tagebüchern und Aufzeichnungen der anderen Schriftsteller gleichsam fragmentiert erschien.

Die französischen Schriftsteller liebten das literarische Fragment, ja sie vergötterten es, diese Verehrung teilte ich bald, und ich verstand Prousts Romanwerk als ein Werk, das im Grunde ebenfalls aus Fragmenten bestand, nur waren diese Fragmente kaum noch zu erkennen, da sie in der wunderbar musikalischen und präzisen Suada des Erzählers verschwanden. Dass dieser Erzähler sich zudem noch ganz in seine Wohnung zurückgezogen hatte, um diesen großen Roman zu schreiben, das erschütterte mich geradezu. Ein solcher Rückzug – das musste genau die richtige Methode sein, um wirkliche Literatur zu schreiben, so stellte ich es mir jedenfalls vor. Eines der anrührendsten Bücher, das ich kenne, erzählt übrigens von diesem Rückzug, ich meine die Erinnerungen Céleste Albarets an Marcel Proust.

Céleste Albaret war auf dem Land groß geworden, sie hatte mit ihrer Familie in einem großen, stattlichen Haus gelebt und nicht daran gedacht, einmal fortzugehen. 1913, im Alter von zweiundzwanzig Jahren, lernte sie Odilon Albaret kennen, der in Paris als Taxi-Chauffeur arbeitete und sich in seinen Ferien immer auf dem Land erholte. Sie heiratete ihn und zog mit ihm nach Paris, wo sie sich anfänglich nicht wohlfühlte. Ihr fehlten die Verwandten, die Heimat und eine regelmäßige Arbeit. Unruhig verbrachte sie die Tage in der kleinen Wohnung, die ihr Mann besorgt hatte.

Odilon Albaret aber war nicht nur irgendein Taxi-Chauffeur, er war auch der Lieblingschauffeur Marcel Prousts. Proust telefonierte nach ihm, wenn er durch Paris gefahren werden wollte, und wie immer bei Proust ging die Verbindung weit über die bloßen Dienst-Tätigkeiten hinaus, denn Proust betrachtete und behandelte seine Umgebung mit einer so starken Anteilnahme und einer Aufmerksamkeit, dass er die ihm nächsten Menschen bis in ihre feinsten und persönlichsten Seelen-Nuancen studierte.

So erzählte ihm sein Chauffeur auch von seiner jungen Frau, die sich in Paris nicht wohl fühlte. Proust wusste Rat, er schlug vor, dass Céleste seine Post austragen sollte, dann hatte sie etwas zu tun, kam herum und wurde neugierig auf die große Stadt, die sich ihr bisher entzogen hatte.

Wie in einem Märchen gehen Céleste Albaret und Marcel Proust aufeinander zu, sie ist das geduldige Mädchen vom Land, er, wie sie später schreibt, der »Grandseigneur«, an dessen Gesten und Worten sie vom ersten Moment ihrer Begegnung an hängt. Wenig später wird sie seine Haushälterin und sorgt dann über acht Jahre für den an Asthma Erkrankten, der sich immer mehr in seine Wohnung am Boulevard Haussmann zurückzieht und für den die langen nächtlichen Gespräche mit ihr lebensnotwendig werden.

Es sind die Jahre, in denen er an *Auf der Suche nach der verlorenen Zeit* schreibt, der Erste Weltkrieg beginnt, Paris wird eine stillere Stadt, Proust geht immer seltener aus, die großen Salons der Vorkriegszeit gibt es nicht mehr, und so zieht er sich in seine Erinnerungen zurück, während Céleste Tag für Tag für ihn da ist, ihn mit ihren Kindheitsgeschichten unterhält und vom Land erzählt.

Europa tritt ein in sein katastrophisches Jahrhundert, während Proust, als arbeite er dem Schock einer gewaltigen Desillusionierung vorweg, vom Glück seiner Kinder-Spaziergänge schreibt, von Weißdornbüschen und Kirchtürmen und von den Spiegelungen der Sonne auf ihren Dachschrägen.

Niemals sonst in der Geschichte der Literatur hat es eine so freie, innige und ausbalancierte Verbindung zwischen zwei Menschen gegeben, die der literarischen Arbeit diente und doch niemanden von beiden zum Nachteil des anderen diesem Dienst unterwarf. Céleste Albaret und Marcel Proust ergänzten einander ohne die Gereiztheiten der Liebe, ohne Verstellung und ohne Umstände. Sie verstanden sich schließlich intuitiv und lebten zusammen in dem Kokon der gewechselten Worte, die Céleste Albaret nach Prousts Tod jahrzehntelang für sich behalten wollte, bis sie nach fünfzig Jahren dann doch ihr Schweigen brach und Georges Belmont von diesem gemeinsamen Leben erzählte, damit er es aufzeichnete und in eine Form brachte.

Herausgekommen ist dabei eine Erzählung, die einen in fast jedem ihrer Kapitel berührt, weil sie die zentralen Momente eines Lebens umkreist. Am stärksten wirkt auf mich das vorletzte Kapitel. Céleste erzählt darin von einem Nachmittag, an dem Proust sie gegen vier Uhr in sein Zimmer ruft. Er wirkt sehr erschöpft, aber er lächelt, die ganze Nacht hindurch bis morgens um neun haben sie sich unterhalten, so dass er ihr erst jetzt, nach einem kurzen Schlaf, einen »Guten Morgen« wünscht.

Sie bemerkt sofort, dass etwas Besonderes geschehen ist, und dann bittet er sie, zu raten, was das Besondere sein könne. Monsieur, sagt sie, ich kann es nicht erraten, es muss ein Wunder sein, verraten Sie es mir …, und dann erzählt er, dass er kurz zuvor das Wort »Ende« geschrieben habe, »Ende« unter einen Roman von Tausenden von Seiten, ein »Ende« nach fast zehnjähriger Arbeit.

Céleste Albarets Erinnerungen sind voller solch »großer Momente«, in denen man als Leser stockt und selbst wartet, bis man sich wieder gefasst hat. Es ist aber auch eines der schönsten Bücher über die Kunst des Lebens, darüber, wie zwei Menschen zusammenfinden und das Schwerste miteinander ertragen, und das alles mit einer Würde, einer Vertraulichkeit und, ja, einer Art von »Liebe« …

Zwei Namen haben Sie bisher noch gar nicht genannt, zwei Namen, die ich erwartet hätte, ich meine Sartre und Camus.

Ja, das ist seltsam, Sartre und Camus waren in meinen Jugendjahren, als ich der französischen Literatur verfiel, die bekanntesten französischen Schriftsteller. Ich nahm sie aber vor dem Hintergrund meiner »Grandseigneurs« wahr, und das meint, dass ich zwar ihre Tagebücher, Essays und Aufzeichnungen las, ihre Romane aber kaum zur Kenntnis nahm.

Gab es denn auch deutsche Autoren, die in dieser Hinsicht ebenfalls von Interesse waren?

Ja, vor allem Thomas Mann, dessen Tagebücher ich allerdings erst sehr viel später kennenlernte. Es war eine sehr eigenartige Lektüre, die ich nie vergessen werde. Nach zwei oder drei Tagen hatte ich das Gefühl, ich müsse nun auch selbst morgens zwischen sieben und acht aufstehen, um einen Tee oder Kaffee zu trinken, dann irgendwo hinaustreten oder einfach hinaufschauen zum Himmel und den Tag mit einer meteorologischen Beobachtung beginnen: unveränderlich schönes Wetter, blau, trocken, warm, oder auch: bedeckt, windig, andauernd sehr kühl.

»Abends«, schreibt Thomas Mann meistens, seltener auch »Nachm.«, ganz selten »Vormittags«, denn der Vormittag war natürlich die Zeit der eigentlichen, dichterischen Arbeit, die dann am Nachmittag oder Abend überblickt und resümiert werden konnte. An die dichterische Arbeit schloss sich oft ein Spaziergang an, in den frühen Jahren geht er noch ausdauernd und lange spazieren, manchmal hat man den Eindruck, als wäre das Spazierengehen letztlich das Schönste. Um 1920 etwa muss es herrlich gewesen sein, in München stundenlang spazieren zu gehen.

Jeder Tag hat dann auch seine eigene Lektüre, Romane, Erzählungen, Aufsätze und historische Abhandlungen, das alles wird oft in Fortsetzung gelesen, manchmal liest man es auch in der Familie, lässt vorlesen, spricht darüber, immer wieder gibt es diese Sitzungen, auch Vorträge und Gespräche in kleinem Kreis. Unsere kinderlosen Haushalte von heute unterschätzen, wie anregend ein Leben mit sehr vielen Kindern sein kann. Thomas Mann jedenfalls lässt sie immerfort teilnehmen, sie spielen Theater, machen Musik, rezitieren, meist kommen am Nachmittag oder am Abend dann auch noch Gäste, er notiert dann oft etwas wie »müde, aber allerlei gesprochen«, dieses Zusammensein mit den Gästen war anscheinend nur selten ein großer Genuss.

Überhaupt ist gar nicht leicht zu erkennen, was die eigentlich gelungenen, glücklichen Tage ausmachte. »K.«, das meint Katia, steht jedenfalls für Stabilität. Sie ist der eigentliche Ruhepol und die zweite geheime Hauptfigur in all diesem Schwanken und Suchen von Tag zu Tag. Ohne ein Gleichgewicht mit »K.« zu finden, gelingen die Tage nicht, so dass ich, als ich etwa las, dass sie abends zusammen die *Missa solemnis* gehört hatten, tief durchatmete.

Mit der Zeit hinterlässt die regelmäßige Lektüre dieser Eintragungen aber noch mehr als ein hohes Vergnügen, ja man fühlt sich sogar gestärkt und beruhigt, als hätte man Anteil an der starken Lebensenergie, die die Tage zusammenhält und zu diesem Zweck jeden Bruchstein der Aufmerksamkeit genau markiert. Oft fügen sich die mosaikartigen Eintragungen nämlich auch zur Linie oder zur Figur eines Tages, und man freut sich mit dem Autor, wenn die Luft »labend« ist oder die Tropfen »fallen«, wenn etwas »ungemein unterhält«. Schon eine Notiz wie »Bettruhe« lässt einen ja beinahe süchtig nach Bettruhe werden.

Darin aber gründet die eigentliche, verborgene Wirkung gerade dieser Tagebuch-Lektüren. Sie sind lebendige Zeitgeschichte, sie sind in der ausdauernden Genauigkeit psychologischen Sehens unübertroffen, letztlich macht ihre Lektüre, möglichst in immer denselben Portionen, eingenommen wie eine Tages-Dosis, aber vor allem Lust auf das Leben selbst, auf die Schönheit des kleinteiligen Lebenskrams nämlich, auf das sonst Unterschätzte und Beiseitegetane, auf eine Trambahn-Fahrt, ägyptische Zigaretten oder ein gerade richtig geheiztes Zimmer, zum Beispiel.

Besonders in diesen meist wenig zitierten, scheinbar abseitigen Momenten haben Thomas Manns Tagebücher etwas Rührendes, Staunendes, die großen Szenen der Schriftsteller-Werkstatt (Einfälle, Begegnungen, Resumés) treten zurück und weichen intensiven, absichtslos hingesetzten Bildern und Beobachtungen: »Wachsendes Grün; Freude am Frühling, der freien Luft, der offenen Glasthür …«

Es ist viel mehr von diesem geheimen Genießen und Sich-Umschaun in Thomas Manns Tagebüchern als man bisher bemerkt hat. Sein Fleiß war zwar außerordentlich stetig, aber doch andererseits auch nicht exorbitant, eine oder zwei Seiten pro Tag, dann die Post, und das alles in doch überschaubarem Tempo, zur Qual jedenfalls hat er sich das Schreiben denn doch nicht gemacht. Unter all dieser scheinbaren Ruhe wogt etwas anderes, uralt Nervöses, ein dauerndes Suchen nach kleinen Sensationen und Befriedigungen, eine starke Lebensgier, die Tag für Tag wach durchlauert.

Also: Sich zurückziehen, Tee und Kaffee, spazieren gehen, unlinierte Schulhefte und …: »Mittags über Thomas Manns Tagebüchern. Konnte mich lange nicht trennen. Vergaß Speise und Trank. Abends Heißhunger, sprach bei Tisch über das herbstlich-lockende Goldgelb der Quitten in Nachbars Garten.«

Sie sprechen immerzu von den Grandseigneurs, auch Thomas Mann war ja ein solcher Grandseigneur. Ich vermute, Sie haben an der französische Gegenwartsliteratur seit den sechziger Jahren kein besonderes Gefallen gefunden, oder ist das falsch?

Ich hatte den Eindruck, dass der französische Roman mit dem Romanwerk von Marcel Proust an ein Ende gekommen sei, von der Literatur der Nachkriegszeit haben mich, was Romane betrifft, nur noch die Romane Célines interessiert. Ich behaupte das jetzt aber etwas leichtfertig und großspurig, denn im Grunde kenne ich die französische Nachkriegsliteratur nicht gut genug, um so starke Behauptungen aufstellen zu können.

Aber vielleicht darf ich mir am Ende dieses Gesprächs doch ein paar großspurige Behauptungen erlauben. Deshalb mache ich jetzt weiter mit dem Bekenntnis, dass die gesamte französische Nachkriegsliteratur, ja sogar die gesamte französische Literatur in meinen Augen in einem literarischen Werk kulminierte, das mich, seit ich es kennenlernte, wie kein zweites beeindruckt hat, ich meine das Werk von Roland Barthes.

Alles, was ich von der Literatur erwartete, gab es bei Roland Barthes auf der höchsten Stufe der Vollendung: Die Kunst des Fragments und der Aufzeichnung, die Kunst des essayistischen Schreibens, die Kunst des Tagebuchschreibens, und das alles begleitet von einem unglaublich anregenden theoretischen Denken, von einer nicht aufhörenden Lust, an neuen Begriffen für Literatur zu arbeiten, die mich jedes Mal, wenn ich auch nur einige neue Zeilen von ihm gelesen hatte, inspirierten, genau in der von ihm angedeuteten Richtung selbst weiterzudenken. Besonders anregend waren in dieser Hinsicht übrigens seine Vorlesungen.

Im März 1976 war er zum Professor am renommierten *Collège de France* gewählt worden. Zu einer seiner wenigen Verpflichtungen gehörte es, eine wöchentliche Vorlesung über seine aktuellen Forschungen zu halten. Bis zu seinem plötzlichen Unfalltod im Jahr 1980 hat er drei solcher Vorlesungszyklen halten können, der zweite hatte das Thema: *Das Neutrum.*

Obwohl es sich anscheinend »nur« um eine noch vorläufige Skizze zu einem Thema handelt, das Barthes ein Leben lang beschäftigt hat, ist diese Vorlesung doch von besonderem Interesse. Sie erlaubt es, die Entstehung von Barthes' Gedankengebäude bis ins Detail zu verfolgen. Barthes ging seine Themen weder geradlinig noch umfassend an, er notierte sich seine Einfälle in Form von kurzen Fragmenten auf Hunderten von kleinen Zetteln, die er später nach Motiven oder anhand von »Figuren« ordnete. Das Denken sollte nicht festgelegt werden und keinen dominierenden Spuren folgen, es sollte frei und einfallsreich bleiben. Daraus ergab sich eine spezielle Arbeitsform, die immer wieder von Neuem und gleichsam von vorn ansetzte und sich dadurch eine anhaltende Frische bewahrte.

Das Manuskript der Vorlesungen hat denn auch keine »endgültige« Form. Es umkreist dreiundzwanzig Denkfiguren des »Neutralen« in zufälliger Folge und entwickelt auch innerhalb der Darstellung dieser Figuren ein höchst bewegliches, sprunghaftes und gleitendes Denken, das für viele Überraschungen sorgt, die typisch für Barthes sind.

Das Neutrum ist als Thema dabei auch eher ein Leitmotiv als eine feste Größe, es ist so etwas wie das Dritte, das jenseits der üblichen binären Gegensätze (hell-dunkel, weiß-schwarz, laut-leise) nicht als »schwache« Mischform, sondern als ein starkes Sich-Entziehen gegenüber den Zumutungen der landläufigen Kontrastpaare gesucht wird. Wenn es sich überhaupt zeigt, dann etwa in bestimmten Formen des Zartgefühls, des Schweigens, des Rückzugs oder des Androgynen. Insgesamt ist es vielleicht am ehesten als ästhetische

Form des Offenen, Weiten und Leeren zu verstehen, die sich gegenüber allen Arten von Macht immun und autark zeigen: Ich will weder etwas beweisen noch beharre ich auf etwas Konkretem, ich nehme mich ganz zurück in Erwartung dessen, was sich in mir auftut, ich, könnte man sagen, versuche, auf mich zu hören ...

Wie zusammen leben? (*Comment vivre ensemble?*) war das Thema der ersten Vorlesung. Naheliegend wäre es gewesen, eine solche Frage mit dem Blick auf die veränderten Strukturen der traditionellen Lebensformen zu beantworten. Doch Familien, Freundschaften, ja selbst Liebesbeziehungen spielen in Barthes' Überlegungen kaum eine Rolle. Stattdessen formuliert er ein begriffliches Gegensatzpaar, das in eine andere Richtung weist: »Einsamkeit« und »Geselligkeit«, das sind die zentralen Begriffe und eben nicht »Individuum« und »Gesellschaft«.

»Geselligkeit« ist die romantische Idee eines immer wiederkehrenden, aber jeweils kurzzeitigen Zusammenseins der Einzelnen, »Einsamkeit« ist die antike Idee einer autonomen Lebenskunst, die weder von asketischen noch von hedonistischen Anfällen bestimmt werden soll. Typisch für Barthes ist nun, wie er nach dem Zusammenspiel von »Einsamkeit« und »Geselligkeit« sucht: Die beiden sonst als entgegengesetzt gedachten Lebensformen sollen auf so feinfühlige Weise miteinander in Kontakt gebracht werden, dass der Einzelne auch nicht von den leisesten Zumutungen organisierter Geselligkeit verfolgt wird.

Hinter alldem steht also der Verdacht, dass Liebe und Freundschaft den Einzelnen zu sehr in Anspruch nehmen, ja dass sie ihn zu stark besetzen könnten. Vor nichts scheuen Barthes' Vorlesungen daher mehr zurück als vor dem Horror fester, rigoros fester und nicht mehr befragter Paarbindungen. Um deren zwanghaften Charakter von vornherein zu begrenzen, wird eine Leitidee formuliert: »Jedes Subjekt folgt seinem eigenen Rhythmus.«

Geht dieser Rhythmus in geselligen Verbindungen verloren, leuchten die Alarmlampen auf und wird der Gedankenflug abgebrochen. Gefragt wird also danach, was einen solchen Lebensrhythmus ausmacht und formt und wie er sich in kleinen Zirkeln, die durch klug komponierte Rituale geprägt sind, gleichsam »gesellig« ausleben kann.

Von daher macht sich Roland Barthes nun auf die Suche, und wer auch nur einen kleinen Bruchteil seiner anderen Schriften gelesen hat, weiß, dass es kaum etwas intellektuell Spannenderes gibt, als Teilnehmer an gerade einer solchen Suche zu sein. Orientalische Mönchsregeln, Szenen in Romanen von André Gide, Robinson Crusoes Lebensentwurf auf seiner einsamen Insel, Hans Castorps Streifzüge durch ein Hotelsanatorium – immer wieder geht es um Einzelgänger, die einen bestimmten Raum kultivieren und diesen Kulturraum in einem zweiten Schritt dann zu einem Versammlungsraum machen.

Wann, fragt Barthes, ist für diese Versammlungen die beste Zeit? Wie viele Personen dürfen an ihnen teilnehmen? In welcher Beziehung zueinander sollen die Personen stehen? Wo sollen sie sich niederlassen? Muss es Regeln sprachlicher oder sonstiger Art geben, die ihr Zusammensein prägen? Bedarf es bestimmter Hilfsriegen im Hintergrund? Worüber darf und soll gesprochen werden? Wie intim darf das Zusammensein sich gestalten? In welcher Form soll es sich abgrenzen von den Zumutungen der Anderen? Bedarf es der Gelübde oder sonstiger Vereinbarungen?

Solchen Fragen folgt Roland Barthes, und dadurch wird jede Vorlesung zu einem kleinen historischen oder geographischen Streifzug, der Begriffe und Namen abwirft, die dann umkreist und neu bestimmt werden. Barthes' Lust an diesen neuen Begrifflichheiten ist ein Erbe seiner früheren Jahre als Zeichendeuter und Modellbauer. Erst wenn das präparierte Fundstück auch einen Namen erhalten hat und mit anderen Fundstücken verglichen worden ist, kommt die Suche zur Ruhe. In dieser Kunst des Benennens und Klassifizierens ist Barthes unerschöpflich. Auf jeder Seite spürt man den Furor, der ihn treibt, die Welt wie der Schöpfergott nicht nur noch einmal hervorzubringen, sondern eben auch neu zu benennen.

Im Hintergrund allen Fragens lebt daher eine enzyklopädische Lust. Immer weitere Texte, Textfragmente und kleine Verweise werden in das laufende Bestimmungsprogramm eingegeben, ohne dass dieses Programm je zum System würde. Anders nämlich als in seinen früheren Schriften ist dieser späte Barthes auch ein vagabundierender Träumer und Spieler: Er hält seine Fundstücke in der Hand, betrachtet sie und gibt ihnen dann mit unendlicher Vorsicht einen Platz in seiner Kosmos-Werkstatt.

Als Leser wird man von der strengen Schönheit und Klarheit dieses Schauens und Denkens sofort infiziert. Eine Seite mit Barthes = 100 Überlegungen, Ideen und Phantasien, so groß in etwa ist die Beute. Viele neue Bücher ließen sich von dem Grundbestand seines sehr spezifischen Forschens her schreiben, ganze Bibliotheken ließen sich entwerfen, mit deren Hilfe man Barthes' Spuren bis in alle Verästelungen folgen könnte.

Dabei sind die Vorlesungsnotizen keineswegs einfach zu lesen, handelt es sich doch vor allem um Notizen und daher eher um »Partituren«, die noch der Aufführung im Kopf des Lesers bedürfen. Als Notizen und »Partituren« wirken sie andererseits aber auch wie Geheimschriften, die man entziffern, komplettieren und mit eigenen Ideen füllen kann. Gerade das macht ihren starken ästhetischen Reiz aus.

Ich habe den Eindruck, wir sind wirklich an einem Höhepunkt angekommen, das Werk von Roland Barthes scheint all Ihre besonderen Ansprüche an Literatur auf geradezu ideale Weise zu erfüllen.

Ja, das Werk von Roland Barthes ist mit der Zeit zur Grundlage meines Nachdenkens über Lesen und Schreiben geworden. Es ist für mich gleichsam das Werk einer umfassenden Initiation, so wie Marcel Proust sie in *Tage des Lesens* in seinem Fall andeutete. Deshalb habe ich mich auch um die weitere Verbreitung dieses Werks in Deutschland bemüht. In einem Mainzer Verlag sind zwei Editionen aus seinem Gesamtwerk erschienen, die ich ausführlich kommentiert habe, weil sie zu den Urschriften meines Schrift- und Lektüre-Verständnisses gehören: Die Edition des großen Essays *Variations sur l'écriture (Variationen über die Schrift)* und die Edition seiner Tagebuchnotizen (*Incidents/Begebenheiten*).

Das hört sich wie das Ende unseres Gesprächs an.

Ja, es könnte das Ende sein …

Ich bitte Sie aber noch um einen kurzen Appendix …

Und worüber sollen wir sprechen, in diesem Appendix?

Ein letztes Mal über das Schreiben, nämlich darüber, was Sie jungen Autoren zur Lektüre empfehlen.

Sie stellen mir immer wieder Aufgaben, für die ich weit ausholen müsste, das kann ich an dieser Stelle nicht tun. Ich verspreche Ihnen stattdessen zu diesem Thema ein ausführlicheres Buch, das ich in baldiger Zukunft schreiben werde.

So leicht lasse ich Sie aber nicht ziehen. Zu ein paar Andeu-
tungen sollten Sie noch bereit sein.

Einverstanden, dann wechseln wir aber den Ort und gehen
hinab zu den Obstbaumwiesen, die Sie noch nicht gesehen
haben. Zwischen all den vielen Obstbäumen dort unten stehen nämlich einige Tische und Bänke, es handelt sich um die
Illusion eines Gartenlokals, dort, schlage ich vor, trinken wir
zum Abschluss zusammen ein Glas Rotwein und entwerfen
einen Appendix ...

Bücher-Menu 11

André Gide: *Tagebuch 1939–1942*. Aus dem Französischen von Maria
Schaefer-Rümelin. München 1948; André Gide: *Die Aufzeichnungen
und Gedichte des André Walter*. Ins Deutsche übersetzt von Gerhard
Kluge, Hans Joachim Kesting und Rolf von Höne. Stuttgart 1969;
Julien Green: *Tagebücher 1926–1942*. Aus dem Französischen von
Brigitta Restorff, Alain Claude Sulzer und Christine Viragh Mäder.
München 1991; Paul Claudel/André Gide: *Briefwechsel 1899–1926*.
Deutsche Übertragung von Yvonne Gräfin Kanitz. Stuttgart 1952;
Paul Léautaud: *Literarisches Tagebuch 1893–1956*. Eine Auswahl.
Hrsg. und übersetzt von Hanns Grössel. Reinbek 1966; Paul Valéry:
Über Kunst. Deutsch von Carlo Schmid. Frankfurt/M. 1959; Ernest
Hemingway: *Paris – ein Fest fürs Leben*. Aus dem Amerikanischen
von Annemarie Horschitz-Horst. Reinbek 1965; Roland Barthes:
Das Neutrum. Übersetzt von Horst Brühmann. Frankfurt/M. 2005;
Roland Barthes: *Wie zusammen leben*. Vorlesung am Collège de
France 1976–1977. Hrsg. von Éric Marty. Texterstellung, Anmer-
kungen und Vorwort von Claude Coste. Aus dem Französischen von
Horst Brühmann. Frankfurt/M. 2007; Roland Barthes: *Variations sur
l'écriture/Variationen über die Schrift*. Französisch/Deutsch. Übersetzt
von Hans Horst Henschen. Mit einem Nachwort von Hanns-Josef

Ortheil. Mainz 2006; Roland Barthes: *Begebenheiten/Incidents*. Aus dem Französischen von Hans Horst Henschen. Mit einem Nachwort von Hanns-Josef Ortheil. 2., erweiterte Auflage. Mainz 2007

Lektüren für junge Schreiber

Stuttgart. Das große, hoch gelegene Gartengelände mit Blick auf die Stadt, am späten Nachmittag. Eine Obstbaumwiese, Tische, Bänke.

Die Besucherin: Was für einen Wein trinken wir denn?

Ortheil: Sie werden überrascht sein, wir trinken einen Rotwein, dessen Trauben dort drüben, in einem Weinberg auf der anderen Seite des Tals, geerntet wurden. Dieser Weinberg gehört der Stadt Stuttgart, sie bewirtschaftet beinahe elf Hektar Rotweinlagen.

Sehr schön, dann kommen wir ja auf diese Weise zum Anfang unseres Gesprächs vor einer Woche zurück, als wir über die Verortung der Dichter in einem bestimmten Lebensraum sprachen. Diese Verortung geht hier anscheinend sogar so weit, dass wir einen Wein trinken, dessen Herkunftsterrain wir direkt vor Augen haben.

Richtig, am liebsten wäre es mir freilich, ich könnte meine Stuttgart-Verortung noch um einige weitere Grade steigern, indem ich hier auf diesem Gelände selbst Wein anbauen und ihn dann auf diesen Wiesen ausschenken könnte.

Tische und Bänke stehen dafür ja schon bereit, das Ganze macht in der Tat den Eindruck eines Gartenlokals …

Für die Illusion habe ich schon gesorgt, das stimmt, mit der Zeit soll diese Illusion dann so stark werden, dass sich alles Weitere geradezu zwangsläufig ergibt …

Dann werde ich einer Ihrer Stammgäste sein, und es wird herrliche Sommerabende auf diesem Gelände geben, mit vielen Lesungen und Lektüren …

Programm-Ideen für solche Abende habe ich bereits im Kopf …

Das ahnte ich … Nun aber tun Sie mir noch einen letzten Gefallen und geben Sie auch jungen Schreibern noch einige Lektüre-Empfehlungen. Gibt es nicht auch von Rilke etwas in dieser Richtung, einen »Brief an einen jungen Dichter«?

Ja, genau, in den Jahren zwischen 1903 und 1908 schreibt Rilke an den ihn um Rat fragenden Dichter Franz Xaver Kappus zehn Briefe, die später als *Briefe an einen jungen Dichter* große Berühmtheit erlangt haben. In der Form des Briefes greift Rilke dabei übrigens ein Genre auf, das bereits in der Antike dazu diente, Lehren über die Dichtung als Anrede eines älteren Meisters an den jüngeren Schüler zu inszenieren. Der Meister bezieht sich in dieser persönlichen und beinahe intimen Form nicht auf ein abstraktes Wissen, sondern auf seine eigenen Erfahrungen. Er unterweist den jüngeren Schüler nicht durch Regeln, sondern im umfassenderen Sinn einer Lebenskunde, insofern bieten die Briefe auch Rilke selbst eine Gelegenheit, sein eigenes Dichten zu erläutern.

Rilkes Briefe sind heute noch unvermindert aktuell, richten sie sich doch an einen jungen Dichter, der sich bereits in dem versucht hat, was man heute den »Aufbau eines Netzwerks« nennen würde. Kappus nämlich hat seine Gedichte in alle Welt geschickt, überall sucht er Zuspruch und Kontakte. All diesen Bemühungen erteilt Rilke eine scharfe Absage: »Nun bitte ich Sie, das alles aufzugeben. Sie sehen nach außen, und das vor allem dürfen Sie jetzt nicht tun. Niemand kann Ihnen raten und helfen, niemand.« Stattdessen empfiehlt Rilke, sich die einfachste aller möglichen Fragen zu stellen: »*Muss* ich schreiben?« Von dieser Frage aus ergeben sich dann seine durchaus radikalen Empfehlungen, die auf nichts anderes als eine Anpassung der gesamten Existenz an das Schreiben zielen.

Ein wichtiges Existenz-Moment Rilkes war übrigens der Brief, Rilke hat ja, wie Sie wissen, unglaublich viele Briefe an seine Freundinnen und Freunde geschrieben. Diese Briefe hatten die Aufgabe, einen emotionalen Raum zu schaffen, der das Dichten trägt und stützt. Im Brief-Gespräch legte Rilke eine Art Fundament für seine Annäherung an die Welt, ohne direkt und zielstrebig an seine Dichtung zu denken. Vielmehr flüsterte er sich in den Briefen alles Geliebte gleichsam leise herbei, er rückte es in seine Nähe und schuf so einen mit vielen Emotionen, aber auch präzisen Blicken aufgeladenen Raum.

Man könnte den jungen Schreibern daher raten: Suche eine sehr schöne Frau etwa deines Alters und vermeide es, dich in sie zu verlieben. Halte aber die Liebesversuchung am Glimmen, und wechsle jeden Tag mit der Schönen einige Briefe. Schreib über alles und nichts, über den Winter, deine Wohnung oder die Milch beim Aufkochen, und du wirst sehen: Nie hast du freier, schöner, bewegter und unverkrampfter geschrieben …

Die Suche nach dem bewegten und unverkrampften Ausdruck, das ist in der Tat ja oft eines der vielen Probleme der jungen Schreiber.

Ja genau, und die meisten gehen das Ganze viel zu direkt an, da soll alles gleich in einem einzigen Anlauf entstehen, ein Gedicht, eine Erzählung, am besten sogar gleich ein Roman. Man sollte den jungen Schreibern aber ganz im Gegenteil raten, sich Zeit zu nehmen und ein Werk in seinem eigenen Tempo entstehen zu lassen. Das ist doch gerade das Schöne an einem solchen Prozess: Die geheimen Wege des Wachstums, die ein literarisches Gebilde zurücklegt. Für dieses Wachstum sollte mit den Jahren ein Empfinden entstehen, ohne künstliche Beschleunigungen.

Es gibt eine große Zahl von Creative-writing-Lehrbüchern, die zu dieser Beschleunigung beitragen wollen ...

Die meisten Creative-writing-Lehrbücher tragen zum Literarischen Schreiben überhaupt nichts bei und haben mit Literarischem Schreiben auch nichts zu tun. Man sollte da sehr genau unterscheiden: *Kreatives Schreiben* und *Literarisches Schreiben* ...

Das *Kreative Schreiben* ist ein Übungs- oder ein Trainingsprogramm für Schreibwillige. Dabei werden fest umrissene Aufgaben gestellt und Lösungsmöglichkeiten für diese Aufgaben erprobt. Man kann an solchen Programmen teilnehmen, warum denn nicht?, dann begibt man sich in eine Schreibschule, in der nach bestimmten Regeln unter Anleitung geschrieben wird. Vielleicht trainiert man auf diese Weise die Ausdrucksfähigkeit, vielleicht erhält man auch einen genaueren Blick auf bestimmte handwerkliche Methoden des Schreibens.

Das *Literarische Schreiben* aber erzwingt man dadurch nicht, denn dieses Schreiben ergibt sich nicht durch bloßes handwerkliches Training, sondern ist die Folge von Lebensprozessen, die im günstigsten Fall ein starkes Schreibtalent entwickeln und ausbilden. Jedes literarische Werk ist in diesem Sinn das Resultat einer biographischen Suche, die man nicht künstlich strukturieren und leiten kann.

Aber es muss doch Beobachtungen darüber geben, wie eine solche Suche verläuft ...

Die genauesten Beobachtungen dazu stammen von den Dichtern und Schriftstellern selbst. Sie bilden ein eigenes Genre, das ich das Genre der literarischen »Jugend-Biographie« nenne. Es fällt nämlich auf, dass viele Schriftsteller vor allem ihre Jugendjahre sehr ausführlich beschrieben und daraufhin befragt haben, wie es in diesen Jahren zur Entfaltung ihres Talentes kam. Solche »Jugend-Biographien« sind die besten Selbst-Analysen der Suche nach dem eigenen literarischen Weg, und sie brechen sehr konsequent meist zu dem Zeitpunkt ab, an dem das erste literarische Werk erscheint.

Hemingways *Paris – ein Fest fürs Leben* habe ich bereits als eine solche Biographie einer Schriftsteller-Jugend genannt. Wenn wir sehr weit zurückgehen, stoßen wir auf Goethes *Dichtung und Wahrheit*, übrigens ein Meisterwerk dieses Genres, das die »Jugend-Biographie« als einen eigenen Roman versteht und erzählt und wiederum sehr typisch zu dem Zeitpunkt abbricht, als Goethe mit der Veröffentlichung des *Werther* seinen ersten großen literarischen Erfolg feiert.

Weitere wichtige Bücher dieses Genres wären dann etwa *Tonio Kröger* von Thomas Mann oder *Das Porträt des Künstlers als junger Mann* von James Joyce oder *Die jungen Jahre* von Coetzee ..., ach, ich könnte hier lange fortfahren und eine reiche Liste erstellen.

Solche Lektüren empfehlen Sie also?

Ja, solche Lektüren empfehle ich unbedingt. Und wenn sich die jungen Schreiber in sie vertiefen, werden sie feststellen, wie die biographische Suche in beinahe allen Fällen verläuft: Ein anfänglich noch harmloser Schreiber entdeckt sein Talent, er wird aufmerksam darauf, woraus dieses Talent besteht, wann und wo es sich zeigt und wie er es anregen kann.

Von dieser Entdeckung an verliert der Schreiber seine Harmlosigkeit, von diesem Moment an wird er zu einem Besessenen, der nun alles daransetzen wird, sein Talent zu füttern. Die Fütterung – sie besteht in Vorbildern und Anleihen, die dem Talent nun in großer Zahl gleichsam zum Fraß vorgeworfen werden. Manche speit es aus, andere verschlingt es, von wiederum anderen mästet es sich viel zu lange. Davon habe ich ja in unseren Gesprächen bereits gesprochen, von der Leseenergie, die eine bestimmte Schreibenergie auslöst, vom Lesen als der Initiation des Schreibens ...

Das Ziel dieser Suche ist die eigene Stimme, der eigene Ton, von dem der Schreiber weiß und ahnt, dass er tief drinnen in ihm versteckt und verborgen ist. Diesen Ton hervorzulocken und dann immer genauer auf ihn zu hören – das ist die gewaltige Anstrengung, die das Thema all dieser »Jugend-Biographien« ist.

Sie betonen jetzt sehr stark den individuellen Weg, den ein jeder sucht und wählt ...

Genau, diese biographische Suche ist natürlich bis ins letzte Detail individuell, deshalb ist die Wirkung von Lehr- oder Trainingsbüchern sehr begrenzt.

Ich habe aber einige sehr junge Nichten und Neffen, die noch zur Schule gehen, die würden sich über einige Empfeh-

lungen von solchen Lehr- oder Trainingsbüchern freuen. Laufend erzählen sie mir vom nervtötenden Deutsch-Unterricht an ihren Schulen, davon, dass sie immerzu irgendetwas interpretieren oder irgendeine »Erwachsenenliteratur« lesen müssen. Die meisten Dramen von Kleist zum Beispiel sind ihrer Meinung nach Erwachsenenliteratur, und die meisten Romane von Max Frisch sind vor allem etwas für stark gelangweilte Männer in der typischen, noch langweiligeren Midlife-Krise. Wer schreibt eigentlich mal Bücher über unsere Themen?, fragen meine Neffen und Nichten mit Recht, da habe ich einmal zurückgefragt: Warum schreibt Ihr nicht selbst über Eure Themen? Selbst Schreiben?! Davon haben sie seit der Grundschule nichts mehr gehört, niemand hat sie im Schreiben unterrichtet, deshalb fragen sie auch weiter: Wie geht denn das Schreiben? Womit fängt man an?

Gut, dann empfehle ich die 111 Übungen im Kreativen Schreiben, die Mario Leis einmal veröffentlicht hat. Er hat Schreibaufgaben aus den vier Bereichen Erzählendes, Dramatisches, Lyrisches und Journalistisches zusammengestellt, jede Aufgabe wird zunächst knapp und genau beschrieben, dann folgen ein paar Tipps und Beispiele, es handelt sich insgesamt um Übungen, die einem einfach mal wieder Lust machen sollen, sich ohne allzu viele Vorgaben im freien Schreiben zu versuchen. Das reicht fürs Erste, denn am Anfang sollte man nicht laufend daran denken, wie eventuelle Leser so etwas finden, vielmehr sollte man das Schreiben wiederentdecken und Schreib-Erfahrungen sammeln.

Was sagt der Tiger? – auch Astrid Krömer hat ein Buch für Kinder und Jugendliche geschrieben, die Kreatives Schreiben lernen wollen. Das Buch hat vier große Kapitel und den Vorzug, dass darin viele Geschichten von jugendlichen Schreibern abgedruckt sind, durch deren Lektüre man eine genauere Vorstellung davon erhält, wie man bestimmte Schreib-Aufgaben lösen könnte. Zunächst geht es um Schreibspiele, um Schnellschreibgeschichten zum Beispiel oder darum, wie man Personen beschreiben könnte, dann geht es um Geschichten zu vorgegebenen Themen, danach werden Texte von jungen Autorinnen und Autoren vorgestellt, die bereits an Literaturwettbewerben teilgenommen haben, und zum Schluss geht es um Tricks und Tipps für junge Schreibtalente.

Die »Tricks und Tipps« beziehen sich natürlich vor allem auf formale Momente, also etwa darauf, wie man eine Geschichte anfangen, welche Namen man den Figuren geben, wie man genauer und konkreter erzählen oder wie man Titel erfinden könnte, die den Leser zum Lesen verführen. Nicht unwichtig ist auch der gute Kritiker, der einem nicht nur sagt, ob er etwas »gut« oder »schön« findet, sondern sich richtig ins Zeug legt: »er wird dir sagen ..., wo es noch Schwachstellen gibt, wo du Wörter, Sätze und Absätze überdenken solltest, vielleicht auch ändern musst.«

Für Jugendliche wiederum, die Songtexte schreiben wollen, ist ein Buch von Masen Abou-Dakn geeignet, das sich mit dem Handwerk und der Dramaturgie solcher Texte beschäftigt. Dirk von Lotzow, der Texter von *Tocotronics*, hat einmal geschrieben, dass gute Songtexte nicht konstruiert und gebaut und geschachtelt sind, sondern oft »aus einem Guss« entstehen: »Nach einer langen Phase der Faulheit und Trägheit gibt es einen Flash. Das finde ich sehr reizvoll, weil man da selbst noch überrascht wird.«

Masen Abou-Dakn gibt sich damit nicht zufrieden, für ihn ist der Flash lediglich ein Signal, das den kreativen Prozess einleitet und zu einem ersten Textentwurf führen kann. Wichtiger sind dann aber die weiteren Phasen, die Ausarbeitung einer Erzählperspektive, die Arbeit an Rhythmus und

Metrik, der Reim, die Wiederholung von Textsegmenten, das Verdichten von Ideen in Zeilen, der gelungene Vers.

Mit der Arbeit an solchen Text-Bausteinen sind wir bereits auf dem Weg zu literarischen Texten, auf dem uns große Vorbilder wie gesagt ein gutes Stück weiterbringen können. Philippe Djian hat ein Buch über solche Vorbilder, über »die Bücher seines Lebens«, geschrieben. Die Bücher des Lebens findet man nicht durch die Lektüre eines »Kanons«, man findet sie instinktiv. Für Djian sind es zum Beispiel Romane von Salinger, Faulkner oder Melville, es geht aber in solchen Fällen eben gerade nicht um große Namen, sondern um jene Autoren und Bücher, die etwas Einzigartiges in einem wecken, etwas zuvor nie Gekanntes, etwas Frisches, eine neue, nicht mehr zu wiederholende Erfahrung: »Denn darin besteht das ganze Geheimnis: Man muss den Schock und die Reinheit der ersten Augenblicke wiederfinden. Die Magie des ersten Buches.«

Auch die amerikanische Schriftstellerin Joyce Carol Oates hat versucht, jüngeren Schreibern ihre eigenen Erfahrungen zu vermitteln. In *Beim Schreiben allein* liegen ihre gesammelten Essays und Aufsätze zu diesem Thema vor. Sie wendet sich geradezu handfest und streng an die jungen Schreiber, dem Nachwuchs sollen von vornherein alle unnötigen Flausen ausgetrieben werden: »Hüte dich vor Seitenblicken, vergleiche dich nicht mit Gleichgesinnten … Lies viel und ohne dich dafür zu entschuldigen. Lies, was du lesen willst, und nicht, was du lesen sollst … Tauche ein in die Arbeit des Schriftstellers, den du liebst, und lies alles, was er geschrieben hat, auch seine früheren Werke.«

Neben solchen sehr direkten Empfehlungen enthält der Band auch Aufsätze zu einzelnen wichtigen Aspekten des Schreibens. Dabei geht es um so unterschiedliche Themen wie die »Kunst der Selbstkritik«, die Beziehung zwischen

Laufen und Schreiben, das Arbeitszimmer des Autors oder das Scheitern. Zentral aber sind jene Texte, in denen Joyce Carol Oates von der Arbeit an ihren eigenen Romanen berichtet. Hier erfährt man etwas über ihre Erzähldramaturgien, die Vor-Planungen, das Arbeiten am Text.

Was Sie selbst betrifft, so haben Sie in unseren Gesprächen immer wieder von den Vorformen literarischer Texte, den Notaten und Aufzeichnungen, gesprochen.

Ja, das Notieren und Aufzeichnen, das Skizzieren und Tagebuchführen ist die Basis des literarischen Schreibens. Mit Hilfe dieser unermüdlichen Anläufe sondiert der Schreiber das Terrain seiner Motive, Themen und Stilformen und entwirft so mit der Zeit eine Art literarischer Werkstatt.

»Man sollte immer ein Notizbuch bei sich tragen, ob zu Hause oder unterwegs«, hat Tomi Ungerer einmal in einer Ausgabe des *Tintenfass* geschrieben. Und dann war in dieser Nummer noch weiter zu erfahren, dass Ungerer seit mehr als dreißig Jahren in seine Notizbücher skizziert und notiert. Das *Tintenfass* brachte sogar einige Auszüge und machte das Thema »Notiz- und Tagebücher« dann auch gleich zu einem Schwerpunkt.

An F. Scott Fitzgeralds Notizbüchern zum Beispiel ist abzulesen, dass er jahrelang anscheinend intensiv an ihnen gearbeitet und die vielen Einträge in 23 Kategorien (»Beschreibungen von Frauen«, »Gespräche und Mitgehörtes« usw.) eingeteilt hat, um sie später jederzeit für die Arbeit benutzen zu können.

Auch Patricia Highsmith führte neben ihren eher privaten und intimen Tagebüchern immer wieder Notizbücher als Arbeitsjournal und dokumentierte in ihnen biographisch gefärbte Reflexionen zu ihren Lektüren und Eindrücken: »Was das Format des modernen Romans so schmälert, ist der Mangel an Überzeugungen in meiner Generation, der mangelnde Glaube an das Individuum ... «

Von Ian McEwan schließlich wurden in dieser Nummer des *Tintenfass* Auszüge aus Tagebüchern veröffentlicht, die er Anfang der 90er Jahre in Berlin während der Verfilmung seines Romans *Unschuldige* geführt hat. John Schlesinger war damals der Regisseur, und zum Schauspielerteam gehörten Isabella Rossellini und Anthony Hopkins: »Tony Hopkins ... ist ein Einzelgänger. Er geht lieber ins Restaurant und liest dort ein Buch oder beobachtet Menschen. Am nächsten Tag spricht er jedesmal sehr empfindsam davon, was ihm am Vorabend so durch den Kopf gegangen ist. Offenbar bekümmert es ihn, wie die Geschichte und das Elend Berlins unter dem Wohlstand und all dem Neuen allmählich verschwinden ... «

Auch Samuel Beckett hat übrigens während seiner großen Deutschland-Reisen in den Jahren 1936/37 intensiv notiert und *German Diaries* geführt. Beckett lernte mit Begeisterung Deutsch und führte neben seinen Tagebüchern sogar ein *Exercise Book*, in das er Vokabeln, Redewendungen und Sprachübungen eintrug (»fertig werden ohne/verzichten auf/entbehren«), er beherrschte die fremde Sprache schließlich sogar so gut, dass er an den deutschen Übersetzungen seines Werks mitarbeiten und Änderungen mit seinen Übersetzern Erika und Elmar Tophoven diskutieren konnte.

Die *German Diaries* aber zeigen ihn vor allem als unermüdlichen Besucher deutscher Museen. Ausführlich machte er sich Notizen zu einzelnen Werken, markierte besonders seine Vorlieben und schwelgte geradezu in Bildbetrachtungen und Reflexionen vor allem bei älterer Kunst. Auch der Expressionismus und der frühe deutsche Film beschäftigten ihn. Für das Fernsehprogramm des Süddeutschen Rundfunks schrieb er 1982 sein von all diesen Motivkomplexen inspiriertes Werk *Nacht und Träume*, das im Mai 1983 übrigens von sage und schreibe zwei Millionen Zuschauern gesehen wurde.

Lassen Sie mich aber zum Schluss Georg Christoph Lichtenbergs Sudelbücher, Materialhefte und Notizen erwähnen, denn Lichtenberg war gewiss einer der manischsten und vor allem witzigsten Notierer der gesamten deutschen Literatur. Anhand des dritten Bandes der Gesamtausgabe seiner Aufzeichnungen, in dem sich ein Wort- und Personen-Register zu seiner Notizen-Enzyklopädie befindet, kann man die ganze Weite und die ungeheure Vielfalt dieses großen Ideenhorizonts studieren.

Unter dem Buchstaben »S« ist dort zum Beispiel zu lesen, dass er sich über das Spinnenartige am Menschen ebenso Gedanken gemacht hat wie über Spinette, Spießruten-Märsche und Spiritus (und zwar den Spiritus nitri, rector, universalis und vini), dass er sich mit Spiegel-Gesichten, Spiegel-Sehen und Spiegel-Zimmern beschäftigte und dass ihn unter den Spielern vor allem die Klavierspieler, Kricketspieler, Schachspieler, Taschenspieler und Violinspieler interessierten. Lichtenberg zu lesen ist eine Wohltat, kaum eine Lektüre macht den Kopf so frei und aufgeräumt: »Schlankheit gefällt wegen des bessern Anschlusses im Beischlaf und der Mannigfaltigkeit der Bewegung ...«

Genügt das? Sind Sie nun zufrieden?

Ja, das genügt, ich bin vorerst zufrieden und freue mich auf das ausführlichere Buch zum Thema, das Sie versprochen haben.

Dann lassen Sie uns jetzt ein Glas *Stuttgarter Mönchhalde* trinken, und wenn Sie Lust haben, machen wir zum Abschluss unserer Gespräche noch einen langen Thoreau-Spaziergang im Wald: Ohne Tonband, ohne Thema, von all dem befreit, in diesen schönen Abend hinein.

Bücher-Menu 12

Rainer Maria Rilke: *Briefe an einen jungen Dichter*. Zürich 2006; Thomas Mann: *Tonio Kröger*. Frankfurt/M. 1978; James Joyce: *Ein Porträt des Künstlers als junger Mann*. Übersetzt von Klaus Reichert. München 2004; J.M. Coetzee: *Die jungen Jahre*. Übersetzt von Reinhild Böhnke. Frankfurt/M. 2004; Mario Leis: *Kreatives Schreiben. 111 Übungen*. Stuttgart 2006; Astrid Krömer: *Was sagt der Tiger? Kinder und Jugendliche lernen Kreatives Schreiben*. Berlin 2006; Masen Abou-Dakn. *Songtexte schreiben. Handwerk und Dramaturgie*. Berlin 2006; Philippe Djian: *In der Kreide. Die Bücher meines Lebens*. Übersetzt von Uli Wittmann Zürich 2004; Joyce Carol Oates: *Beim Schreiben allein. Handwerk und Kunst*. Übersetzt von Kerstin Winter. Berlin 2006; *Tintenfass. Das Magazin für den überforderten Intellektuellen*. Nr. 29. Zürich 2005; Therese Fischer-Seidel und Marion Fries-Dieckmann (Hrsg.): *Der unbekannte Beckett. Samuel Beckett und die deutsche Kultur*. Frankfurt/M. 2005; Georg Christoph Lichtenberg: *Sudelbücher*. Dreibändige Gesamtausgabe. Hrsg. von Wolfgang Promies. München 2005

Inhalt